Tirso de Molina

Tanto es lo de más
como lo de menos

Barcelona **2024**
Linkgua-ediciones.com

Créditos

Título original: Tanto es lo de más como lo de menos.

© 2024, Red ediciones S.L.

e-mail: info@Linkgua-ediciones.com

Diseño de cubierta: Michel Mallard.

ISBN tapa dura: 978-84-9953-810-5.
ISBN rústica: 978-84-9816-535-7.
ISBN ebook: 978-84-9953-459-6.

Sumario

Brevísima presentación

La vida

Tirso de Molina (Madrid, 1583-Almazán, Soria, 1648). España.

Se dice que era hijo bastardo del duque de Osuna, pero otros lo niegan. Se sabe poco de su vida hasta su ingreso como novicio en la Orden mercedaria en 1600 y su profesión al año siguiente en Guadalajara. Parece que había escrito comedias, al tiempo que viajaba por Galicia y Portugal. En 1614 sufrió su primer destierro de la corte por sus sátiras contra la nobleza. Dos años más tarde fue enviado a la Hispaniola (actual República Dominicana), regresó en 1618. Su vocación artística y su actitud contraria a los cenáculos culteranos no facilitó sus relaciones con las autoridades. En 1625, el Concejo de Castilla lo amonestó por escribir comedias y le prohibió volver a hacerlo bajo amenaza de excomunión. Desde entonces solo escribió tres nuevas piezas y consagró el resto de su vida a las tareas de la orden.

Personajes

Nineucio
Modesto, hijo mayor de Clemente
Liberio, hijo segundo de Clemente
Gulín, lacayo
Diodoro
Dina, mujer
Nisiro
Un Criado
Clemente, viejo
Torbisco, pastor
Abrahán
Laureta, pastora
Garbón, villano
Lázaro
Simón
Nicandro
Taida, dama
Felicia, dama
Flora, dama
Músicos
Cuatro pobres
Timandro, capeador
Clodro, capeador
La Avaricia

Jornada primera

(Salen Nineucio, Liberio y Lázaro.)

Nineucio   ¿En fin, en mi competencia
                  amáis los dos a Felicia?

Liberio   No siempre guarda justicia
                  el juez que ciego sentencia;
                      y siendo ciego el Amor,
                  cuando te venga a escoger
                  Felicia, por ser mujer,
                  vendrá a escoger lo peor.

Nineucio   No imagines que me afrento
                  de tu loca mocedad;
                  que yerra tu voluntad,
                  pero no tu entendimiento;
                      que éste, por torpe que sea,
                  confesará, aunque forzado,
                  que no hay hombre afortunado
                  que el bien que gozo posea.
                      No hay caudal ni posesión
                  que en Palestina pretenda
                  ser réditos de mi hacienda;
                  casi mis vasallos son
                      cuantos en Jerusalén
                  saben mis bienes inmensos,
                  sus casas me pagan censos,
                  sus posesiones también.
                      Desde el Nilo hasta el Jordán
                  Ceres me rinde tributo;
                  cada año a Baco disfruto
                  desde Bersabé hasta Dan.

¿No cubren estas comarcas
vellocinos apacibles
para el número imposibles
respetados por mis marcas?
    Los vientos me engendran potros
que brotan aquesos cerros,
en sus crías los becerros
se impiden unos a otros.
    A la aritmética afrenta
la suma de mi tesoro,
pues entre mi plata y mi oro
se halla alcanzada de cuenta.
    De suerte el planeta real
con diamantes me enriquece
y esmeraldas, que parece
que traigo el Sol a jornal.
    Las ondas del mar, si a verlas
llego, son tan liberales,
que en nácares y en corales
me ofrecen púrpura y perlas;
    con las unas y otras quiso
honrarme el cielo, que trata
mi dicha, visto escarlata,
gasto cambray, rompo biso.
    Mi mesa es la cifra y suma
donde el gusto no preserva
desde el árbol a la hierba,
desde la escama a la pluma.
    Bríndo a la sed que desprecia
vides que poda Tesalia,
ya con Falernos de Italia,
y ya con Candias de Grecia;
    y a tal gloria me provoco,
que conforme a lo que escucho,

para rey me sobra mucho,
para dios me falta poco.
   Si de esto tenéis noticia,
¿no será temeridad,
viendo mi felicidad,
que pretendáis a Felicia?

Liberio
   Ponderativo has estado,
rico y poderoso eres,
mas no es razón que exageres
con tal soberbia tu estado.
   Arrogante, a Dios te igualas,
y a nadie te comunicas;
caudaloso te publicas
y a ti solo te regalas.
   El bien es comunicable,
Dios es bien universal;
tú para ti liberal,
para todos miserable;
   mira cuán diversos modos
distinto de Dios te han hecho:
tú a ninguno de provecho,
y Dios todo para todos.
   Podremos sacar de aquí,
aunque te injuries, los dos,
que no es bueno para Dios
quien es todo para sí.
   Yo en las riquezas no fundo
la pretensión de mi amor,
que en fin soy hijo menor,
pues me hizo el cielo segundo,
   en las partes personales
con que me aventajo, sí;
de ilustre sangre nací,

dotes tengo naturales;
    juventud y gentileza
es el tesoro mayor
para los gustos de amor,
cuyo objeto es la belleza.
    En esta felicidad
hallarás tus desengaños.
No quita el oro los años
que ya han mediado tu edad;
    ya en la tela de tu vida
teje la vejez ingrata
hilos de peinada plata
que traen la muerte escondida;
    ya con arrugas procura
tu cara desengañarte,
pues te dobla por guardarte
el tiempo en la sepultura.
    Disforme estás para amante,
que la gula corpulenta,
en fe que en ti se aposenta,
te hizo su semejante.
    Si Amor se pinta con alas,
porque siempre es ágil, ¿cómo
siendo tú un monstruo de plomo,
a mi agilidad te igualas?
    Anda, que ése es barbarismo.
Come, bebe y atesora,
de ti mismo te enamora,
pues eres dios de ti mismo.
    Procura desvanecer
el fuego que te estimula,
y pues adoras la Gula,
no busques otra mujer.

Nineucio (A Lázaro.)	Eres loco y te desprecio. Solo, sobrino, de ti me admiro por ver que así intentes como este necio, haciéndome oposición, desacreditar la fama que sabio y cuerdo te llama.

Lázaro	Sobrárate la razón
	  si estribara la esperanza
	que en Felicia tengo puesta
	en la riqueza molesta,
	que es tu bienaventuranza.
	  Si es causa la voluntad
	del amor, y ésta potencia
	del alma, cuya excelencia
	goza de inmortalidad,
	  no creo yo, siendo tan sabia
	Felicia, que hará elección
	de tus riquezas, blasón
	caduco que el alma agravia.
	  Menos rico que tú soy,
	aunque con bastante hacienda
	para que esposa pretenda
	a quien inclinado estoy.
	  Y advierte, porque deshagas
	la rueda sobre que estribas,
	más considerado vivas,
	y menos te satisfagas,
	  que imitó Naturaleza
	a una madre que ha criado
	dos hijas a quien da estado,
	una de extraña belleza,
	  y otra fea, y que acomoda,

porque casarlas desea,
toda su hacienda a la fea,
y a la otra su gracia toda.
　　Entre sabios e indiscretos
Dios sus dones repartió;
ingenio a los sabios dio
y hacienda a los imperfetos;
　　que por eso es pobre el sabio,
y el ignorante es tan rico.
Pon el ejemplo que aplico
en los dos, aunque en tu agravio,
　　que si para tu desprecio
la sabia Naturaleza
reparte hacienda y riqueza
a la medida del necio,
　　de estos dos diversos modos
la cuenta podrás hacer,
que tan necio vendrá a ser
el que es más rico de todos.

Nineucio　　　　Consuélete esa opinión,
que no por eso me agravio;
tan rico fue como sabio
Job, David y Salomón.
　　No es bien que por eso cobre
desestima de mi estado.
Siempre el rico es murmurado
y desvergonzado el pobre.
　　Llamados hemos venido
por Felicia todos tres;
si es hermosa, discreta es;
escoger quiere marido.
　　Al más digno ha de nombrar
por esposo de nosotros.

14

Ésta es. ¡Pobres de vosotros,
cuáles os he de dejar!

(Sale Felicia.)

Felicia   Reconocida al amor
que todos tres me mostráis,
y aunque confusa en la deuda,
deseosa de pagar,
os permito, caballeros,
que agora merced me hagáis,
honrando esta casa vuestra,
que ufana en veros está.
Si yo tuviera tres almas
en tres cuerpos que lograr,
entre sujetos tan nobles
diera en amorosa paz
fin a vuestra competencia,
brío a vuestra voluntad,
quietud a mi confusión
y a mi sangre calidad.
Mas siendo vosotros tres,
y una sola la que amáis,
fuerza es que entre vuestro amor
viva mi elección neutral.
Desvelos me habéis costado
con que el cuidado, a pesar
del sueño, diversas noches,
ya abogado, ya fiscal,
os abona y os condena.
Ved como sentenciará
quien es juez en causa propia,
si es pasión su tribunal.
Reconozco de Liberio

que es ilustre, que es galán,
que es discreto, que es hermoso,
que es cortés, que es liberal;
y cuando voy a elegir,
hallo que alegando está
Lázaro merecimientos
de valor y estima igual.
Considérole apacible,
virtuoso y principal,
bienhechor de sus vecinos,
amado en esta ciudad.
Bien pudieran tantas partes
reducir mi libertad,
si no la contrapusiera
Nineucio, prosperidad
de este siglo, mayorazgo
de la Fortuna, caudal
del contento y la riqueza,
que en él colmados están.

(A Liberio.)   En fin, halla en vos el gusto
gentileza y mocedad;
(A Lázaro.)   en vos, prudencia y virtud;
(A Nineucio.)   Y en vos halla autoridad
y riqueza el interés.
Colegid cuál estará
quien ha de escoger al uno,
y perder a los demás.
Pero, pues ha de ser fuerza,
y Felicia me llamáis
la inclinación determino
con el nombre conformar.
Felicia soy; solamente
aquel mi dueño será
que poseyere en su estado

la humana felicidad.
Vos, Liberio, mientras vive
vuestro padre y a él estáis
sujeto hijo de familia,
tasándoos la cortedad
de su vejez alimentos,
mal os podréis alabar
de ser feliz, pues consiste
el serlo, en la libertad.
Juventud y bizarría
son venturas al quitar
que, o el tiempo las tiraniza,
o postra la enfermedad.
Felicidad de futuro,
sujeta a la variedad
de mudanzas y accidentes,
mientras llega, pena da;
en espera, sois dichoso,
martirio es el esperar;
dichas presentes procuro,
pues que tardan, perdonad.
Y vos, Lázaro también,
que puesto que sea verdad
que os den fama las virtudes
que piadoso ejercitáis,
ya remediando pobrezas,
componiendo pleito ya,
con que os llama todo el reino
su socorro universal,
entretanto que adquirís
a costa de la mortal
la felicidad eterna,
a que piadoso aspiráis
disipando vuestra hacienda

y faltándoos el caudal,
fuerza es, casando con vos,
que también falte la paz.
En la casa de Nineucio
no halló la necesidad
puerta franca, ni hasta ahora
ha entrado en ella el pesar.
La abundancia es quien la habita,
y hasta ella corriendo van
los deleites como ríos,
por ser Nineucio su mar.
Llámale rico avariento
la murmuración vulgar,
porque con ellos no gasta
los bienes que Dios le da.
miente el vulgo, que el avaro,
solo por acrecentar
riqueza a riqueza, es
verdugo de sí mortal.
Cuando más rico, es más pobre.
No come por no gastar,
no viste por no romper,
no duerme por no soñar.
En la casa de Nineucio,
desde el retrete al zaguán
toda güele a ostentación,
toda sabe a majestad.
Sus paredes cubren telas,
sus artesones están
compitiendo en sus labores
con la esfera celestial.
Biso delicado viste,
arrastra púrpura real,
sobre blandas plumas duerme,

en carrozas fuera va.
¿Qué invención el apetito
ha inventado, qué manjar,
que no registre su mesa?
¿Qué licor tan cordial
que su sed no satisfaga,
si su prodigalidad
empadrono para el gusto
cuanto abraza tierra y mar?
Luego no será avariento
quien, consigo liberal,
no malogra sus riquezas
y bienes con los demás.
Si es Nineucio, pues, tan rico,
discreto sois, sentenciad
el pleito de vuestro amor,
que entretanto que envidiáis
mí elección y su poder,
él y yo con yugo igual
al triunfo de Amor unidos
consagraremos su altar.

(Danse las manos Nineucio y Felicia.)

Nineucio   Consolaos el uno al otro,
                    y uno de otro me vengad.
                    Rico soy, Felicia es mía;
                    cuerdos seréis si sacáis
                    en mi abono y vuestra afrenta,
                    que aunque el bien partido está
                    en honesto y deleitable,
                    no hay bien sin utilidad.

(Vanse los dos.)

Liberio

No fueras tú mujer, y no eligieras
interesables gustos. Si tú amaras,
mis dotes naturales abrazaras,
sus miserables bienes pospusieras.
    Adora a un monstruo de oro; lisonjeras
mentiras apetece, estima avaras
felicidades torpes, pues reparas
en lo que esconden montes, pisan fieras.
    Riquezas, de tu amor apetecidas,
herede yo, si así te satisfaces,
que premiaran tu amor; pero más justo
    es, que imitando en la elección a Midas,
tengas, cuando en tu esposo el oro abraces,
con sed al interés, con hambre al gusto.

(Vase Liberio.)

Lázaro

Tan lejos de formar quejas ni celos
estoy de ti, Felicia interesable,
que mil gracias te doy porque mudable,
tus desengaños curan mis recelos.
    ¡Qué contrarios que son nuestros desvelos!
Tú en deleites humanos variable,
felicidad eliges; yo, inmutable,
agregación de bienes en los cielos.
    No es gloria la que teme a la mudanza
y amenaza en peligros de la vida;
mas funda en ella tu razón de estado,
    pondré yo en Dios mi bienaventuranza
y veremos los dos a la partida
cuál de los dos es bienaventurado.

(Vase Lázaro. Salen Clemente, viejo, y Modesto, su hijo.)

Modesto	No te espante de que viva Liberio tan sueltamente, señor, si en tu amor estriba de sus vicios la corriente que su juventud derriba.
	Si por ser hijo menor te ha de ocasionar tu amor a consentir lo que pasa, sin que tenga a nadie en casa ni respeto, ni temor,
	cuando disipe tu hacienda, tu fama desacredite, juegue, desperdicie, venda, llórelo quien lo permite y le da tan larga rienda;
	que yo, cumpliendo con esto, y a obedecerte dispuesto, aunque soy hijo mayor, me quejaré de tu amor y sus locuras.
Clemente	Modesto, hasta que padre hayas sido y con tierna sucesión hayas cuerdo repartido en hijos el corazón, de sí mismo dividido,
	no culpes lo que no alcanzas. La juventud en mudanzas gasta la flor de sus años, y el tiempo con desengaños suele lograr esperanzas.
	Cuerdas amonestaciones

doy a Liberio; no puedo
violentar inclinaciones.
Que es travieso te concedo;
mas, si no excusas razones,
 ¿he de ser con él tirano?
¿No puso Dios en su mano
su libertad y albedrío?
Rompa la presa este río
cual avenida en verano.

 Quien ve un arroyo pequeño
crecer con la tempestad,
hacerse del campo dueño,
inundar una ciudad,
y en breve espacio pequeño,

 el que antes imitó el mar,
dejarse humilde pisar
sin barco o vado a pie enjuto,
de un simple niño, de un bruto,
pues así has de comparar.

 La juventud licenciosa,
borrasca es en el estío
de la edad, que presurosa
saca de madre este río,
cuya creciente furiosa

 rompe peñas y edificios,
pero como son los vicios
que causaban sus crecientes,
bienes no más que aparentes,
dan de su violencia indicios;

 y empalagando el descanso
que en ellos creyó tener,
se reduce a su remanso,
y vuelve luego a correr
seguro, apacible y manso.

Modesto	Pudiérate replicar
	mil cosas, a no mirar
	lo que obedecerte estimo.
	De mi hermano me lastimo;
	el cielo le dé lugar
	para que ataje prudente
	su juvenil desvarío,
	que es mar la muerte inclemente,
	y suele sorberse un río
	en Mitad de su corriente.

(Sale Gulín, con una caja de joyas escondida.)

Gulín	¡Alto! Mi gozo en el pozo:
	en las brasas hemos dado.

Clemente	¿Qué es esto?

Modesto	Éste es su criado.
	¡Cual el amo, tal el mozo!

Clemente	¿Dónde te vuelves? Espera.

Gulín	Un poco se me olvidaba
(Aparte.)	allá dentro. (¡Angustia brava!)

Clemente	Detente.

Gulín (Aparte.)	(¡Quién se escurriera!)

Modesto	¿Qué es lo que escondes, turbado,
	con la capa?

Gulín	¿Yo qué escondo?
Clemente	¿No respondes?
Gulín	Ya respondo.
Clemente	¿Qué llevas?
Gulín	Cierto recado.
Clemente	Muestra.
Gulín	Camisas y un cuello con ropa sucia es.
Clemente	Espera.
Gulín	Llévolo a la lavandera.
Clemente	¿Pues yo por qué no he de vello?
Gulín	¿Para qué has de ver andrajos, señor, de un salario corto?
Clemente	Reporta.
Gulín	Ya me reporto.
Modesto	Enseña.
Gulín	¿Cuatro estropajos, por mejor decir, rodillas, quieres ver?

Modesto	Yo sé que mientes.
Clemente	Enseña.
Gulín	No están decentes, porque algunas seguidillas que causó cierta fiambrera, me forzaron sin razón a hacer versos a traición que borre la lavandera.
Modesto	Cualquiera bellaquería se puede esperar de ti. ¿Qué es lo que cubres aquí?

(Descúbrele la caja.)

Clemente	Toda esta es hacienda mía. Traidor, ¿mis joyas me llevas? ¿Hay atrevimiento igual?
Gulín	Yo soy lacayo leal.
Clemente	Muy bien con esto lo pruebas, pues me robas.
Gulín	¿Yo?
Modesto	¿A excusar te atreves?
Gulín	¿Y es maravilla, si aun el basto y la espadilla no robo, por no robar?

Mi señor, que enamorado
colige, por ser galán,
que amor del tribu de Dan
sale mejor despachado,
    no cesa de dar jamás,
porque so pena de olvido,
Cupido se acaba en «pido»,
y sus damas en «da más».
    Anoche descerrajó
tus escritorios por ver
si el interés mercader
en amor se transformó;
    y perdido por Felicia,
para comprar su hermosura
hizo esta tarde postura,
mas pujando la codicia,
    venció su competidor.
Quiso despicarse luego
jugando, que en fin el juego
es triaca contra el amor;
    perdió el dinero en diez pintas,
de tabardillo serán,
y según prisa le dan,
ya no debe tener cintas.
    Mandóme en fin que viniere
por el oro, que escondido
guardó anoche, prevenido
que nadie en casa me viese.
    Es mi amo, y yo soy fiel,
pues dice el refrán que anda:
«Haz lo que tu amo te manda
si quieres cenar con él.»

Clemente   Vos sois un...

Gulín	Dirás, bellaco.
Clemente	¡Qué a su medida os halló vuestro buen amo!
Gulín	Si yo, lo que él hurta a plaza saco, ¿en qué peco, o qué te asombra? Sombra es el criado fiel de su señor; voy tras él. ¿No imita el cuerpo a su sombra? ¿Si él roba, he yo de rezar? En casa del tamborilero, el mozo baila el primero. Mozo soy, y he de bailar.
Clemente	No has de estar más un instante en casa. Las faltriqueras le mira, que son terceras de sus hurtos.
Gulín	¿No es bastante disculpa la que te he dado? Riguroso estás.

(Regístranle y le hallan una taba.)

Clemente	¿Qué es eso?
Modesto	No sé —¡por Dios!— este güeso hallé solo en este lado.
Clemente	Enseña. ¿Pues para qué

27

traes este hechizo contigo?

Gulín   ¿Yo, hechizo?

Clemente   Habla, enemigo.

Gulín   ¿Brujo yo?

Clemente   ¿Pues no se ve?

Gulín   Solamente te faltaba
                 para formarme procesos
                 desenterrarme los güesos.

Clemente   ¿Pues qué es aquesto?

Gulín   Una taba;
                 juego desacreditado
                 para andar entre esportillas,
                 aunque libre de pandillas
                 y sin artificio hallado.
(Juega con la taba.)   Échase así. Si hacia arriba
                 cae la carne, que es ésta,
                 gana el que tira la apuesta;
                 pero si sobre ella estriba
                    éste, cuyo nombre oculto
                 para callar es mejor,
                 pierde al punto el tirador.

Modesto   No es honesto.

Gulín   Juego culto,
                 pero entretiene cuidados.

Clemente	Provechosa ocupación.
	¿Qué es eso?
Modesto	Tres dados son.
Gulín	Nunca los busco prestados.
Clemente	Con oraciones devotas
	a los demás te aventajas.
Modesto	Aquí tienes dos barajas.

(Sácaselas.)

Gulín	Siempre me persiguen sotas.
Modesto	¡Buen libro! ¡devoción buena!
Gulín	Y tal, que suele obligar
	las más veces a ayunar
	esta santa cuarentena.
Clemente	¡Qué hable éste tan sin empacho,
	y su vicio no le asombre!
Gulín	Si tú jugaras al hombre
	y supieras dar un chacho,
	lograr la espada y bastillo
	con la malilla y enfolla,
	hacer reponer la polla,
	llevártela de codillo,
	valdándote de un manjar,
	y los reyes escoger,
	te olvidaras de comer

y de dormir por jugar.

Clemente   No olvidaré de daros,
                    yo al menos, el galardón
                    digno de la ocupación
                    en que sabéis emplearos.
                        ¡Hola!

(Salen dos criados.)

Gulín (Aparte.)   (En habiendo oleadas,
                    tormenta promete el mar.)

(A los criados.)

Clemente   Atadme éste.

Gulín (Aparte.)   (Salmonar
                    me quieren las dos lunadas.)
                        Señor, desde hoy pondré fin
                    al juego y hurtos.

(Sale Liberio.)

Liberio   ¿Qué es esto?

Clemente   ¿Qué ha de ser?

Gulín   Acude presto,
                    que corre riesgo Gulín.

Clemente   Dos grillos y una cadena
                    le echad.

Liberio	¡A Gulín! ¿por qué?
Gulín	¿Comílo yo? Mi amo fue.
Clemente	Llevalde.
Gulín	¿A dónde?
Criado I	A la trena.

(Vanse los dos criados con Gulín.)

Clemente   Mal, Liberio, te aprovechas
del amor con que te trato.
A Dios y a tu padre ingrato,
consejos cuerdos desechas,
y haciendo ya mis sospechas
verdades, porque te adoro,
osas perderme el decoro,
y eres, por vivir sin rienda,
ladrón de tu misma hacienda,
pirata de tu tesoro.
    Aun si en nobles ejercicios
mozo la desperdiciaras,
o amigos con él ganaras,
en la adversidad propicios,
colorearas los vicios
con que darme muerte quieres;
pero en juegos y mujeres,
peste de la juventud,
hospital de la salud,
del infierno mercaderes...
    ¡Ay, de ti! que al mismo paso
que a engaños vicios enlazas,

tu perdición misma abrazas
corriendo, ciego, a tu ocaso.
De tu edad verde haz más caso,
que el que en torpezas livianas
gasta las flores tempranas
de su juventud florida,
plazos acorta a su vida
y al tiempo adelanta canas.

Liberio   No ha estado malo el sermón
para el humor con que vengo.
Sabio David en ti tengo
cuando ser quiero Absalón.
¿Tan, torpes mis vicios son?
¿Tan adeudado te dejo
para que llores perplejo
culpas que finges en mí,
que en cada maravedí
me has de dar siempre un consejo?
    Gentil modo has inventado
de ahorrar por no persuadirte;
siempre que llego a pedirte,
me riñes adelantado.
Ya yo estuviera casado,
si menos guardoso fueras,
con quien honrarme pudieras,
y mi sosiego alabaras,
en nietos te conservaras
y noble en ellos vivieras.
    Mas como dura el invierno
de tu larga vejez tanto,
me tienen, y no me espanto,
por hijo del Padre Eterno.
De tu cansado gobierno

es ya mártir mi paciencia,
edad tengo y experiencia.
Padre, acaba, o muérete,
o la parte se me dé
que me toca de mi herencia.
    El dote que, caudaloso
de mi madre te enriquece,
la mitad me pertenece;
por esto te soy odioso.
No es mi edad para el reposo
que me aconsejas molesto.
Mucho vives, mas supuesto
que al alma te ha de llegar
el querértela sacar,
así morirás más presto.

Modesto   Atrevido, ¿así es razón
que hables a quien el ser debes?
¿Así a tu padre te atreves?

Liberio   Empieza tú otro sermón,
hipócrita en la opinión
de quien tiene entendimiento;
encarece sobre el viento
la virtud que no acreditas,
dime que a mi padre imitas,
por ser cual él avariento.
    Alábate que no juegas,
que nunca serviste damas,
que si Modesto te llamas,
modesta vida sosiegas;
que si soberbio me alegas
que eres mi hermano mayor,
te probaré yo, en rigor,

33

que del justo Abel en fin
fue hermano mayor Caín,
vino a ser el peor.

　Si, en los primeros que el mundo
tuvo, el mayorazgo fue
tan malo, ¿es justo que esté
sujeto a ti por segundo?
En no estimarte me fundo,
por ser de ti tan distinto,
que si obediente te pinto,
será hipócrita avariento
para que en su testamento
te mejore en tercio y quinto.

　Por huir de él y de ti
pienso partirme tan lejos
que os espante. Tus consejos
y tu ambición huyo así.
Liberio soy; pues aquí
oprimes mi libertad,
excuse mi libre edad
vuestra avara hipocresía
y busque en Alejandría
la humana felicidad.

　Corte soberbia es Egipto;
lograré en ella mi hacienda,
soltaré al deleite rienda
y presas al apetito.
Con el mismo Sol compito
en gentileza; a mi amor
la dama de más valor,
más rica, sabia y hermosa,
rendiré. Será mi esposa,
y yo de Egipto señor.

　Triunfará mi mocedad,

sin perdonar juego o fiesta,
convite, prado, o floresta,
deleite o prosperidad.
Ésta es la felicidad
por quien me dejó Felicia,
ésta mi gusto codicia,
y ésta sola me destierra
de mi casa y de mi tierra,
y en fin, de vuestra avaricia.
   Venme, padre, a entregar luego
lo que heredé de mi madre,
saca el testamento, padre,
o pondré a tu casa fuego.

Clemente   Liberio, ten más sosiego;
considéralo mejor;
no uses tan mal de mi amor,
que ya tu perdición lloro.

(Llora.)

Liberio   Mejor dirás popotl oro,
de quien soy tu ejecutor.
   Como guardas el dinero,
guarda lágrimas también,
y haz que mi hacienda me den;
que partirme a Egipto quiero.
Ni me repliques severo,
ni amoroso me persuadas.
A romper voy aceradas
arcas y cofres que adoras;
no me enterneces, que lloras
lágrimas, padre, doradas.
   Dame mi hacienda y no intentes

que mala vejez te dé.

Clemente   Oye. Eso y más te daré,
              como de mí no te ausentes.

Modesto   Respeta canas prudentes,
              y si estás de mí ofendido,
              perdón y brazos te pido.

Liberio   Aparta engañosos lazos.
              Dinero quiero, y no abrazos.
              Tus engaños he entendido.
                 Todo es por lo que sentís
              que a los dos el oro os lleve;
              ni vuestro llanto me mueve,
              ni con él me persuadís.
              ¡Vive Dios! Si me impedís
              la hacienda que me usurpáis
              y el tesoro me negáis
              en que idolatráis avaros,
              que en casa no he de dejaros
              un solo pan que comáis.

(Vase Liberio.)

Modesto   Dásela, corra este río,
              como dices, caro padre,
              sin presas; salga de madre
              su juvenil desvarío.

Clemente   ¡Ay, engañado hijo mío!
              Experimenta mortales
              peligros que a buscar sales,
              si el desengaño previenes;

que nunca estimó los bienes
quien nunca probó los males.

(Vanse lo dos. Salen Nineucio, vistiéndose y lavándose con música de chirimías; criados dándole de vestir y Dina se hinca de rodillas y dice:)

Dina   Señor, si en tiempo de bodas
los reyes hacen mercedes,
y tú aventajarte puedes
entre las personas todas
 que coronan sus cabezas,
casándote hoy, no hay dudar
que te hayas de aventajar
a todos, como en riquezas.
 Mayordomo tuyo ha sido
mi esposo; dio mala cuenta
de su oficio y de tu renta,
en deleites divertido.
 Disculpa en parte merece,
pues en ellos te ha imitado,
que todo leal criado
a su señor se parece.

(Vase paseando y vistiendo Nineucio.)

 En mil ducados le alcanzas,
y le has hecho encarcelar;
no te ha de poder pagar,
si no le das esperanzas.
 Deudo es tuyo y yo mujer;
si uno y otro no es bastante
a enternecer un diamante,
tu misma sangre, tu ser
 cifro en dos ángeles bellos,

partes de mi corazón.
Haz cruel ejecución
en tu sangre y cobra de ellos,
    o da lugar a su padre
para pagarte después,
siquiera porque a tus pies
está su afligida madre.

Nineucio   Cantadme algún nuevo tono.

Dina   Quien vale mucho, hace mucho.

Nineucio   Cantad.

Dina   Escucha.

Nineucio   No escucho.

Dina   Perdónale.

Nineucio   No perdono.

Dina   Si no le das libertad,
¿cómo ha de satisfacer?

Nineucio   Los hijos podéis vender
para pagarme. Cantad.

(Cantan.)

Músicos   «Si el poder
estriba solo en tener,
y es más el que tiene más,
tú que das

tus bienes, que son tu ser,
serás tu propio homicida;
pues mientras gastas sin rienda,
cuanto dieres de tu hacienda
tanto acortas de tu vida.»

Nineucio   ¿Cúya es esa letra?

Músico I   Es
de un poeta corpulento
en verdades avariento
y en los versos calabrés.
    Miente más que da por Dios;
tahúr en naipes y engaños,
viejo en pleitos, como en años,
y es en la cara de a dos.

Nineucio   Ése ha de estar en mi casa;
gajes desde hoy le señalo.

Músico I   Este medra porque es malo,
que aquí la virtud no pasa.

(Sale Simón.)

Simón   Señor, mi esposa y tu prima,
espiró ahora, y es cierto
que más la hambre la ha muerto
que la enfermedad; si estima
    tu sangre la compasión
que a los difuntos se debe;
si el ser tu deudo te mueve,
si obliga la religión
    que adoras y profesaste

y con tu piedad concierta,
dame con que entierre muerta
a quien viva no amparaste.
   No tengo con que le dar
mortaja ni sepultura.

Nineucio

Los pobres y la basura
echarlos al muladar.
   En Job esta verdad fundo,
pues, luego que empobreció,
en un muladar paró,
por ser basura del mundo.

Simón

¿No fue sangre tuya?

Nineucio

Sí,
mas fue sangre aborrecida,
por ser pobre corrompida,
y echéla fuera de mí.
   Sangre que no es nutrimento
del cuerpo que en ella espera,
de su oficio degenera.
Quien me pidiere sustento,
   no se llame sangre mía,
pues mi sustancia empobrece.
La sangre mala enflaquece,
la buena alimenta y cría.
   De parientes me he sangrado
pobres, que me dan congoja,
pues al muladar arroja
su sangre el que la ha sacado.
   Haz a los cuervos con ella
plato, en que sepulcro cobre,
si por ser carne de pobre,

los cuervos osan comella.

(Hase acabado de vestir.)

Simón   ¡Señor!

Nineucio   No seas importuno.
                          Cántad. Echadlos de aquí.

Simón   ¡Que el oro enloquezca así!

(Sale Felicia con una caja en un plato. Chirimías y criados con toalla y platos y bebida.)

Nineucio   ¿Qué es esto? ¡Hola!

Mayordomo   El desayuno.

Felicia   Porque te sepa mejor,
                          quise yo servirte el plato.

Nineucio   Invídieme el aparato
                          el monarca que hay mayor;
                              pues ninguno mereció
                          el banquete que hoy recibo
                          en fuentes de cristal vivo,
                          mas tengo más dicha yo.
                              ¿Qué hacéis? Cantad mi ventura.

(Cantan.)

Músicos   «En la casa del placer
                          ha convidado a comer
                          al apetito la hartura.»

Nineucio	Felicia es quien la procura,
	pues a pesar del pesar,
	al gusto ofrece manjar
	y a los ojos hermosura.
Músicos	«Aunque en diversos extremos
	plato franco hace el amor.»

(Salen cuatro pobres e híncanse de rodillas.)

Pobre I	Danos limosna, señor,
	que de hambre perecemos.
Músicos	«Satisfecho el gusto vemos,
	pues que le sirve la hartura.»
Pobre II	Señor, nuestra desventura
	manda por Dios remediar.
Músicos	«Al gusto sirve el manjar,
	y a los ojos la hermosura.»

(A los mendigos.)

Nineucio	¡Oh, asqueroso y vil enjambre
	de moscas, que licenciosas,
	en las mesas más preciosas
	osáis matar vuestra hambre!
	Después que aquí habéis entrado
	el alma me habéis revuelto;
	¿de qué infierno os habéis suelto,
	o qué peste os ha brotado?
	¡Qué presto olistes mis bodas,

harpías de mis regalos!
Echádmelos de aquí a palos;
cerradme esas puertas todas.

(Quieren echarlos y sale Lázaro al encuentro y tiénelos.)

Lázaro   ¿Con tal desalumbramiento,
tío, los pobres maltratas,
que del crédito de Dios
son abonadas libranzas?
Dichoso pretendes ser,
y cuando se te entra en casa
el bien, le cierras las puertas,
porque a los vicios las abras.
Ya que niegas buenas obras,
no niegues buenas palabras,
siquiera porque en el mundo
son la moneda que pasa.
¿Cómo ajustarás tus cuentas
con Dios, que al más santo alcanza,
si en el registro del cielo
las cartas de pago rasgas?
Si felicidades buscas,
mayor bienaventuranza
es dar que no recibir,
que esta sirve, aquella manda.
Aprende de las criaturas,
que unas con otras contratan,
ya dando, ya recibiendo,
con trabazón soberana. No
fuera, augusto planeta
el Sol si su luz negara,
pues no se alumbra a sí mismo,
y alumbra a todos de gracia.

Si sutiliza vapores
que le da la tierra, paga
en nubes, que fertilizan
sus verdes campos con agua.
Recibe el fuego materia
en que conserva sus llamas,
y paga con el calor
que nos alienta y ampara.
Recibe el aire impresiones
peregrinas, que rehusara
si en respiración vital
las vidas no conservara.
Recibe el aire hospedaje
en la tierra, que es su casa,
y págale, agradecido,
en dar humor a sus plantas.
La tierra que toma a usura
los granos a sus entrañas,
de los tres vivientes
es generosa tributaria.
Todos pagan, si reciben;
tú solamente te apartas
de esta ley, pues que de todos
recibes, y a nadie pagas.
¿Quieres ver cuán triste
cosa es recibir? Pues repara
en el invierno encogido,
que es cuando, necesitada,
mendiga la humilde tierra,
ya la nieve, ya la escarcha,
el Sol, la lluvia, el calor,
la sementera y labranza,
y verás que, porque a todos
pide, ¡qué desaliñada,

qué melancólica está!
Mas recibe ¿qué me espanta?
Considérala después
que a sus acreedores llama
desde el abril al octubre,
verás qué hermosa y bizarra
al mayo corre cortinas,
las primaveras que arrastra,
los tabíes que entapiza,
los plumajes que la agracian.
¡Ayer triste, hoy tan alegre!
¡Válgame Dios! ¿qué mudanza
es esta? Ayer recibió;
recibir es cosa baja.
Hoy paga, hoy tiene que dar,
y el dar es de reyes. Salga
cuando hace mercedes, reina;
cuando las recibe, esclava.
Da a tus deudos, da a los pobres,
y no serás semejanza
de estéril tierra en invierno,
ni malograrás tu fama.

Nineucio   Desairado persuades
sofísticamente engañas;
para concluirte, quiero
valerme de tus palabras.
Prodigaliza la tierra
cuando tras pobrezas largas,
en invierno padecidas,
se le sigue la abundancia.
Pero mira tú después
que desnuda y esquilmada
desperdició sus riquezas,

si en el invierno se holgara
de guardar, por no pedir,
y luego a la hormiga alaba,
que no mendiga en enero,
porque en el agosto guarda.
Será bien que en el estío
de mi edad, necio reparta
bienes que eche después menos
en la senectud helada?
Si yo limosna a estos diera,
otros pobres convocaran,
porque siempre se eslabonan
los pobres y las desgracias.
Tengo mucho que vivir,
sustento familia y casa;
saducea es mi opinión;
la inmortalidad del alma
niego; en muriéndose el hombre,
todo para él se acaba.
Ni espero premios del cielo,
ni el infierno me amenaza.
Tú, que en opinión distinta,
quimérica gloria aguardas,
deposita en pobres toscos
bienes que con ellos gastas;
y si en el mundo, mendigo
vieres a la hambre la cara,
por la hartura que esperas,
muy buen provecho te haga.

Lázaro   ¡Qué ciego estás! Ven acá.
                        A tu mayordomo alcanzas
                        en mil ducados; por ellos
                        te quiero dar una granja

que orillas del Jordán tengo.

Nineucio   Ya la he visto.

Lázaro   Soltar manda
                  por ella a tu mayordomo.

Nineucio   Hazme, pues la entrega, y salga.

Dina   Dame esos piadosos pies,
                  amparo de pobres.

Lázaro   Alza.
(A Simón.)   ¿Qué pides tú?

Simón   Con que entierre
                  mi esposa, mitad del alma.

Lázaro   Sangre es mía; en el sepulcro
                  donde mis padres descansan
                  esté, y para sus obsequias,
                  si cien escudos no bastan
(Dale un bolsillo.) que aquí llevas, ven por más.

Simón   Pisen mis labios tus plantas.

Nineucio   ¡Oh, sepulturero loco!
                  Mientras que tu hacienda gastas
                  en la basura del mundo,
                  yo con acciones contrarias
                  quiero sepultar deleites
                  en mí mismo. Haz que me traigan
                  para cenar esta noche
                  el ave Fénix, si Arabia

se atreve a ponerla en precio.

(En la escena aparecerán a un lado Lázaro con los pobres, y a otro Nineucio con sus criados.)

Pobre I

Yo, señor, pido frazadas
para el hospital, que hay muchos,
y casi no tienen camas.

Lázaro

¡Ay agentes de Dios vivo!
Todo es pagar libranzas.
Ve a la noche, y te daré
cuanta ropa tengo en casa.

Nineucio

¡Hola! Haced a mis caballos
y a mis yeguas nuevas mantas;
cortadlas de paño azul
y guarnecedlas de grana.

Lázaro

Cenad conmigo vosotros
esta noche, que empalaga
el manjar comido a solas.

Nineucio

Estén mis puertas cerradas
mientras me asiento a cenar,
que no es mi mesa villana
para que a otros pague pechos.

Simón

¡Qué vidas tan encontradas!

(Suena un clarín y salen a caballo, bizarramente de camino, Liberio, y en una mula de alquiler, tras él, Gulín a lo gracioso.)

Liberio

Mucho me huelgo de hallaros

48

juntos cuando me despido.
Ya de menor he salido;
ya no tengo que envidiaros.
De los tesoros avaros
que mi padre encarceló,
la parte que me tocó
pone a mi apetito espuelas;
de alimentos y tutelas
mi libertad me sacó.

A la Babilonia egipcia,
de Alejandro fundación,
me destierra la elección
bárbara que hizo Felicia.
Juzgue agora su codicia,
si da lugar al consejo,
mientras que de ella me quejo,
cuál es más cumplido gozo,
o el gusto en brazos de un mozo,
o el pesar en los de un viejo.

Que aunque el tesoro le sobre,
¿qué importa, si ya publica
que al paso que triunfa rica,
llora el gusto triste y pobre?
De su felicidad cobre
réditos el interés,
y compitamos los tres
sobre quién es en su estado,
solo el bienaventurado
reinará en los dos después.

(A Nineucio.)   Gasta tú solo contigo,
regálate, come, bebe;
y tú, empobreciendo en breve,
(A Lázaro.)   gana el cielo por amigo;
que yo, que otro extremo sigo,

sin que perdone mi edad
fiesta, deleite, beldad,
galas, convites, placeres,
solo en juegos y en mujeres
pongo mi felicidad.

(Tocan el clarín y vase Liberio.)

Gulín   Yo, lacayo Gandalín,
y el primero que anda a mula,
trompetero de la gula,
que por eso soy Gulín,
ya en jumento, ya en rocín,
ya de portante, ya al trote,
comiendo a pasto o a escote,
daré a venteros venganza,
no me llamen Sancho Panza,
que se enoja don Quijote.

(Vase Gulín.)

Nineucio   ¿Un loco me desafía
a deleites? ¡Vive Dios,
mi bien, que hemos de ir los dos
a la egipcia Alejandría!
Hasta allí la hacienda mía
llega. Hasta Menfis alcanza
mi poder. Déme venganza
quien soberbio me resiste,
y sépase en qué consiste
esta bienaventuranza.

Lázaro   En vosotros, pobres míos,
la suya ha puesto mi fe.

Venid y os regalaré;
corran al mar estos ríos;
pues sois del cielo navíos,
mi hacienda al cielo llevad,
que en él mi felicidad
tengo solamente puesta.

Nineucio   Este necio me molesta.
Triste estoy. ¡Hola! Cantad.

(Tocan chirimías, y vanse unos por un lado y otros por otro.)

Fin de la primera jornada

Jornada segunda

(Liberio, muy galán, Diodoro, Nisiro y Gulín.)

Diodoro	¿Cuánto perdiste?
Liberio	No es nada, seis mil ducados.
Diodoro	Los naipes son de casta de mujeres.
Liberio	¿Por qué?
Diodoro	Porque son mudables.
Gulín	Di también porque se afeitan, porque suelen desollarse, porque en príncipes se estrenan y se rematan en pajes.
Nisiro	¿Salis picado?
Liberio	No mucho; solo sentí levantarse aquel corto jugador, porque pudieran ganarme veinte o treinta mil escudos.
Nisiro	Es un triste miserable.
Diodoro	Venturosas pintas hizo.
Nisiro	Asentóse con cien reales,

	y llevónos el dinero.
Liberio	Siempre pierdo.
Nisiro	No os espante,
	que en juego nunca es dichoso
	quien es venturoso amante.
Liberio	¡Brava quinta!
Diodoro	¡Deleitosa!
Nisiro	Este cenador nos hace
	el brindis. Sentémonos.

(Siéntanse.)

Gulín	¿Brindis aguado? Un salvaje
	que le acepte.
Diodoro	¿Qué hay de amores?
Liberio	El mío, por despicarse
	de unas damas, pica en otras,
	ya alabastros, ya azabaches.
Nisiro	Juega el gusto al ajedrez.
	Donde no hay muchos manjares,
	es amor mal comedor,
	y no es mucho que se canse.
Diodoro	Buena cara tiene Elisa.
Liberio	Es doncella con su alcaide.

| | Acogióse al matrimonio |
| | y citóme de remate. |

Diodoro   ¿Matrimonio?

Liberio   Por lo menos,
y por lo más doncellaje.

Diodoro   Daros quiso quid pro quo,
porque ésa es virgen y madre.

Liberio   ¿Cómo?

Diodoro   Yo sé que ha parido
sietemesino un infante,
tan huérfano, que le aplica
para cada mes un padre.

Nisiro   ¡Oh, doncella nominal!

Liberio   Hay lunas virginidades
que cada vez se renuevan,
ya crecientes, ya menguantes.

Diodoro   No son malas para guindas.

Nisiro   Ni falta quien las compare
a los caños de barquillos,
que entretienen sin que enfaden.

Liberio   A las casadas me atengo.

Nisiro   Civil gusto. Dios me guarde
de jurisdicción a medias

y amor de participantes.
¿Yo había de comer las sobras
de un marido?

Liberio   Mejor saben
uvas del majuelo ajeno
que las que en el propio nacen.

Nisiro   Señores, a toda ley
amor de viuda, que es trance
de más gusto y menos riesgo,
todo encuentros, sin azares.
¡Qué contento es ver pasar
un mongil por una calle,
aforrado de tabí,
tocas blancas y ojos graves!

Liberio   Yo soy de ese parecer,
porque pienso, si tengo hambre,
que son manteles en mesa
sus tocas, que el plato me, hacen.

Gulín   ¿Dónde dejáis las solteras?

Liberio   Eso es leer en romance,
vestirse de ropería,
y comprar gustos de lance.

Nisiro   Labradoras...

Diodoro   Tosco gusto.

Liberio   Sí, mas tal vez deleitable,
como quien entre capones

mezcla la vaca fiambre.

Gulín   Apuntad en vuestra lista
                 fregatrices a la margen
                 como ensalada de berros
                 común, sabrosa y de balde.

Liberio   Amor es una comedia
                 donde todo personaje
                 hace su papel; las reinas
                 botines y devantales.
                 Yo, en fin, no desecho ripio.

Voces (Dentro.) Pará, pará.

Liberio   Desembarquen
                 mujeres —¡cuerpo de tal!—
                 que nos alegren.

Nisiro   Dos salen.

(Salen bailando Taida y Flora, y músicos que cantan.)

Una   «¿Qué parecen valonas que adornan calvas?»

Otra   «Los hornazos de huevos que dan por Pascua.»

Todos   «Mas si hay dinero,
                 donde no faltan reales, sobran cabellos.»

Una   «Corcobados amantes, di ¿qué parecen?»

Otra   «Hijos engendrados de muchas veces.»

Todos	«Mas si hay dinero, es como un pino de oro todo camello.»
Una	«¿Qué parece una cara cuando se afeita?»
Otra	«Hermosura que en verso miente y deleita.»
Todos	«Mas si hay dinero, Solimana es un ángel, y un tigre Venus.»
Una	«Los ricos avarientos son como cardos,»
Otra	«que a ninguno aprovechan, sino enterrados.»
Todos	«Todo dinero es redondo por causa que es rodadero.»
Una	«El amor y el vino todo se es uno,»
Otra	«porque andan entrambos en cueros puros.»
Todos	«Mas sin dinero, ni el amor vale nada, ni el vino es bueno.»
Una	«¿Qué parecen las viudas con monjil negro?»
Otra	«Truchas empanadas en pan centeno.»
Todos	«Mas si hay dinero, toda viuda llorona vende contento.»
Liberio	Bien cantando y bien bailando. Dádivas y no razones se estiman. Estos doblones,

que del juego me han quedado,
repartid vosotros, y éstas
vosotras.

(Dales unas cadenas.)

Flora   Tan liberal
amante no sea mortal.

Taida   Bien el nombre manifiestas,
que de pródigo adquiriste.

Liberio   Sentáos las dos a mi lado.

(Él en medio.)

Gulín   En mujeres empeñado
no hayas miedo que estés triste.

Liberio   Ésta es mi felicidad;
agora en mi centro estoy.

Diodoro   También yo, Liberio, soy
de la hermosa facultad
de Amor. Dadnos parte de ella.

Liberio   Eso no. Pedidme vos
dineros; pedid los dos
galas, joyas, la más bella
pieza de cuantas poseo,
que nunca en eso reparo;
solo en damas soy avaro.
Tantas quiero cuantas veo.
(Habla con ellas.)   Mucho os habéis hoy tardado;

¿Cómo os habéis detenido?

Taida	Bastante ocasión ha sido
	venir en coche prestado.
	Prometiéronmele anoche,
	pero es tan difícil cosa,
	que la que es más generosa
	dará un ojo antes que un coche.
Liberio	Luego estáis sin él las dos?
Taida	Circunstancia es para dama,
	que disminuye su fama,
	más queriéndoos a vos.
Liberio	No ha de quedar, pues, por eso.
	En el mío os llevaré,
	y en casa os le dejaré.
Taida	La pródiga mano os beso,
	que a Alejandro afrentar sabe.
Diodoro	Digno érades de imperar.
Flora	También yo os quiero abrazar
	por la parte que me cabe; que
	coche que es de mi amiga
	conmigo se ha de partir.
Liberio	No, Flora; no he de sufrir
	que nadie en mi agravio diga
	que os dejo quejosa a vos.
	para comprar otro coche
	vengan a casa esta noche

por mil escudos.

Nisiro
                    Por Dios,
          que sois un rey

Flora
                    ¡Oh! ¡bien haya
          quien os sirve!

Gulín (Aparte.)
                    (¡Oh socarronas,
          aruñatrices, chuponas,
          qué bien le encajáis la saya!)

Taida
              Así lo hiciera el poltrón
          de Nineucio.

Flora
                  Desde el día
          que vive en Alejandría
          falta en ella provisión.

Nisiro
              No hay regalo de provecho
          que no embargue su despensa.

Diodoro
          Eso es su Dios, eso piensa;
          de suerte glotón se ha hecho,
            que siempre su mesa llena
          se alcanza —juzgad qué vida—
          del almuerzo a la comida,
          la comida a la cena.
            Y esto sin participar
          otro que él, deudo o amigo,
          de sus bienes.

Nisiro
                    Buen testigo
          soy yo de eso.

Diodoro	Y buen lugar Epicuro le apareja.
Liberio	Felicia que su oro goza. ¿cómo lo pasa?
Taida	Cual moza, con las pensiones de vieja.
Liberio	¿Por qué?
Flora	Todo hombre barriga es inútil para amante; todo marido tragante deleites de amor castiga.
Nisiro	Dios de impotentes es Baco por eso es barrigón. Dios de la generación es Pan, y le pintan flaco. Nineucio, que a Baco y Ceres por dioses vicioso adora, más querrá dormir un hora que diez noches de mujeres.
Liberio	Muy buen provecho le haga, y satisfaga Felicia, si no su amor, su codicia, que mal cobra quien mal paga. Y entre tanto que ella llora, tráigannos de merendar.
Nisiro	Mañana se han de casar

                              Timandro y Arquisidora
                              y hay sortija.

Liberio   ¿Pensáis vos
                              salir?

Nisiro   Fáltanme caballos.

Liberio   Escusaréos de buscallos,
                              como salgamos los dos.
                                 De un alazán y un overo
                              sois dueño, que aliento bebe,
                              las alas con que se atreve
                              al pájaro más ligero.

Nisiro   ¡Vive Dios, que echáis prisiones
                              a las almas!

Diodoro   ¿Hay largueza
                              semejante?

Taida   La nobleza
                              impera en los corazones
                                con beneficios, testigos
                              del valor de quien los da.

Liberio   ¡Ea! Señores, bueno está;
                              quien no da, no gana amigos.
                                 Aderezos y jaeces
                              con ellos os llevarán;
(A Diodoro.)   y vos, porque de galán
                              os den el premio los jueces,
                                 os vestiréis en mi casa
                              la librea que tenía

para mí.

Diodoro

      Ya es demasía
lo que en vuestros gastos pasa.
  ¿Habíaos yo de quitar
las galas que para vos
tenéis hechas? ¡Bien, por Dios!

Liberio

Vos las habéis de lograr,
  puesto que a dos mil escudos
me llegan. De azul turquí
y blanco son.

Gulín

      ¿Mas que aquí
nos han de dejar desnudos
  estos leones rapantes,
si de ese modo les das?

Liberio

Soy pródigo.

Gulín

      En huerta estás;
seremos representantes
  de Adán y Eva en paraíso;
hunde galas y dineros,
quedarémonos en cueros,
llorando tu poco aviso.
  Tú el Adán vendrás a ser,
y yo a tu lado desnuda,
seré la Eva bigotuda,
si valgo para mujer.
  Pondrémonos dos lampazos,
saldrá el hortelano, en fin,
y echarános del jardín
a palos y a pepinazos.

64

Liberio	Yo quiero salir de verde y encarnado, que es color que conforma con mi humor.
Taida	Merendemos, que se pierde el tiempo.
Diodoro	Ya están las mesas debajo aquellos parrales, mostrando cuán liberales son los gustos que profesas.

(Levántanse todos.)

Liberio	Vamos, pues, y holguemonós; no quede gusto a la vista del deleite, que no asista en nuestra mesa. ¡Por Dios, que no he de perdonar fiesta, mientras durare la vida, que no experimente!
Flora	Impida tu edad la vejez molesta. En eterna juventud triunfes y logres el tiempo.
Liberio	Gloria es todo pasatiempo, infierno toda virtud. Esta noche he de cenar en tu casa, Taida bella.
Taida	Toda yo soy tuya.

Liberio	A ella
	puedes por mí convidar
	cuantos entretenimientos
	alegran Alejandría,
	bailes, juegos, bizarría,
	juglares y encantamentos.
	Haya comedias discretas,
	que es el mejor ejercicio,
	suspensión de todo vicio
	y martirio de poetas.
	No tenga el pesar modesto
	jamás en mi casa puerta;
	solo el gusto la halle abierta.
	Venid, cantad más. ¿Qué es esto?

(Sale Lázaro, en traje de peregrino.)

Lázaro	Mísero fin, Liberio, mi camino
	ha tenido en haberos encontrado,
	si ya no es que el cielo lo previno,
	incomprensible en su razón de estado.
Liberio	Lázaro, ¿vos a pie? ¿Vos peregrino?
	¿Vos en Egipto, solo y fatigado?
	¿Tan rico ayer, tan pobre y triste ahora?
Lázaro	No es pobre quien riquezas atesora.
	Deposité en los cambios de los cielos,
	pobres digo, de Dios correspondientes,
	mi hacienda, donde libre de recelos,
	no temen fortuitos accidentes,
	ni recelan ladrones, ni en desvelos
	necesitan de guardas que, imprudentes,

a costa de la escolta de los ojos,
cuando hallar piensan oro, hallan enojos.
  Quedé pobre, que en fin el que contrata
y embarca a extraños reinos su riqueza,
mientras no llega el logro de su plata,
fuerza es que le ejecute la pobreza.
Siempre al menesteroso le fue ingrata
la patria que le dio Naturaleza.
Fuélo también la mía; no hallé ayuda
en deudos, ni amistad que el tiempo muda
  Fuéme fuerza pedir, ¿qué más bajeza?
Parientes, cuando rico, me adulaban,
que nunca conocí, y en mi pobreza
los que eran más propincuos, me negaban.
Amigos lisonjearon la riqueza
que, mendigo, después vituperaban,
y huyeron el invierno como hormigas
que brota el campo cuando dora espigas.
  Por no cobrar en fin en sinrazones
beneficios librados en engaños,
espuelas me pusieron ocasiones,
destierros me enseñaron desengaños.
Peregrinando bárbaras naciones,
antepongo a los propios los extraños,
que para el pobre, si le ven con mengua,
lo que les falta en manos, sobra en lengua.

Liberio   Desperdicios imprudentes
son de su afrenta testigos;
quien ganar no supo amigos,
no halle ayuda en sus parientes.
En pobres impertinentes,
loco liberal has sido;
aun si lo hubieras comido,

eso hubieras más gozado,
que todo gusto pasado
suele deleitar perdido.

Cobras en necias libranzas
bienes, que en miseria truecas;
si en pobres las hipotecas,
no aseguro sus fianzas.
Susténtate de esperanzas,
aunque envidies mi ventura,
que si es ganancia segura
la que has después de tener,
no puede Lázaro ser
hambre que espera hartura.

Aunque con fin diferente,
pródigos somos los dos;
tú el fiado diste a Dios,
mas yo cobro de presente.
Amigos gano, prudente,
a quien, cuando pobre, pida;
pero en ti está tan salida
la hacienda que diste a pobres,
que no es posible que cobres,
si no es perdiendo la vida.

Mas yo quiero con todo eso
ser hoy liberal contigo.
Sigue la vida que sigo,
profesa el bien que profeso;
ama, juega, sé travieso,
que mi hacienda es de los dos.
Mozo eres, holguemonós,
que al fin de la vida breve,
si en sus pobres Dios te debe,
ejecutarás a Dios.

Vente a vivir a mi casa,

	que cual yo su dueño eres;
	escoge de estas mujeres
	la que más bella te abrasa;
	pues se pasa el tiempo, pasa
	el que te queda en regalo,

Lázaro   Huyendo de ti, señalo
lo que tus vicios condeno;
más quiero ser pobre bueno
que rico, si he de ser malo.

(Vase Lázaro.)

Gulín   ¡Oh, borracho! ¡Ah, de la huerta!
suelta el mastín al bribón;
déjale con su opinión,
y pida de puerta en puerta.
Juzgue la del cielo abierta,
y nosotros merendemos;
vida y juventud tenemos,
gusto, hacienda y libertad.

Todos   ¡Viva el pródigo!

Taida   Cantad,
que nosotras bailaremos.

(Vanse todos cantando y bailando. Salen Felicia y Nineucio.)

Nineucio   Hoy, Felicia, estás molesta.

Felicia   ¡Qué mucho! Soy tu mujer.

Nineucio   Acabando de comer,

es salud dormir la siesta.

(Recuéstase en una silla, teniendo los pies sobre un taburete.)

No te doy celos, no tienes
falta en riquezas ni en galas,
en mi mesa te regalas,
señora eres de mis bienes,
    adórote por mi dueño.
¿Por qué te quejas de mí?

Felicia   Tengo celos.

Nineucio   ¿Celos?

Felicia   Sí.

Nineucio   ¿Pues tú, de quién?

Felicia   De tu sueño.

Nineucio   Por, Dios, que tienes donaire.
(Vase durmiendo.) Nuevo modo de querer;
ya dicen que hubo mujer
que tuvo celos del aire,
    pero del sueño no sé
que haya habido otra inventora
de tales celos.

Felicia   Agora
    yo, Nineucio, lo seré.
¿No, los tiene con razón
la que dentro de su casa
ve la ofensa que la abrasa,

y que la jurisdicción
   que le dio el tálamo justo,
la usurpan ajenos lazos,
privándola de sus brazos,
tiranizándole el gusto?

Nineucio   Es así.

Felicia   Luego bien puedo
quejosa del sueño estar,
pues me ha venido a usurpar
derechos de amor que heredo.
   Al sueño solo le pesa
de la justa obligación
que debes a mi afición.
Desde la cama a la mesa,
   y de la mesa a la cama
dan permisión a tus ojos
tus gustos y mis enojos.
Juzga qué ha de hacer quien te ama.
   Si nunca te halla despierto,
el amor que cifré en ti,
¿qué mucho que digan de mí
que me casé con un muerto?

(Nineucio medio dormido.)

Nineucio   Ya, ya entiendo... Di... adelante...

Felicia   ¡Qué bien sientes mis desvelos!
¿A la sombra de mis celos
te duermes? ¡Gentil amante!
   Esto merece mujer
que a Liberio despreció

por ti. Duerme, duerme.

Nineucio   Yo...

Felicia   Si tú supieras querer,
                              dejaras ejercitar
                           el alma que tiranizas,
                           potencias que tiranizas,
                           pues nunca las das lugar
                              que usen de los sentidos,
                           que tu sueño tiene esclavos.

(Nineucio sueña en voz alta.)

Nineucio   Seis tortas reales, dos pavos
                           y diez capones manidos.

Felicia   ¿Que aún entre sueños la gula
                           trata a este bárbaro así?
                           Miren cuál ronca. ¡Ay de mí!
                           Pobre del amor que adula
                              al que aborrece. Ya el mío
                           en desdén se ha transformado.

(Nineucio soñando.)

Nineucio   No hay Dios que me dé cuidado.
                           Lo demás es desvarío.

Felicia   ¡Oh, blasfemo! Allá verás
                           la evidencia de ese error.
                           ¿No hay vida eterna, traidor?

Nineucio   Nacer y morir. No hay más.

(Sale un Criado.)

Criado   Señor, señor, tu sobrino,
                Lázaro, ha venido a verte.

(Nineucio, despertándose.)

Nineucio   ¡Bárbaro! ¿Pues de esa suerte
                me osas despertar?

Criado   ¡Si vino
                de Jerusalén por ti
                tu mismo sobrino!

(Levantándose.)

Nineucio   Necio,
                ¿qué sobrino hay de más precio
                que el descanso que perdí?
                   Ningún pariente me trate;
                solo mi comodidad
                busca mi felicidad;
                lo demás es disparate.
                   No hay sobrino que me cuadre,
                solo mi gusto es mi dueño;
                por un instante de sueño
                venderé a mi padre y madre.
                   Ni a mi sobrino reciba
                mi casa, ni en ella estés
                tú tampoco, descortés,
                que no es bien que en ella viva
                   quien en fe de su hospedaje
                a mi costa se sustente.

```
              No tengo ningún pariente,
              no conozco mi linaje;
                mi vientre es mi Dios; ni pido,
              ni doy. Solo es bien empleado
              lo que conmigo he gastado,
              lo que con otros perdido.
                ¡Que hasta aquí me den tormento
              parientes! No me entre acá.

Felicia       ¡Maldiga Dios quien está
              contigo, rico avariento!
```

(Vanse todos. Salen Liberio, Diodoro, Nisiro, Nicandro, Taida y Flora.)

```
Liberio           ¡Brava comedia!

Diodoro                     ¡Donosa!

Liberio       ¿Y el entremés?

Taida                   ¡Extremado!

Liberio       ¿Quién fue el poeta?

Nisiro                    La sal
              de los gustos, el regalo
              de nuestra corte. Es de un hombre
              mozo, cuerdo, cortesano,
              virtuoso, y que no ha dicho
              mal de poeta.

Nicandro                ¡Milagro!

Taida         Amigo debe ser vuestro.
```

Nisiro	Aunque soy su apasionado, la verdad es más mi amiga. Confírmenla los teatros gozosos y deleitables por más de nueve o diez años que tienen en pie a la risa y a los gustos con descanso.
Flora	¿Qué entremeses habrá escrito?
Nisiro	Al pie de trescientos.
Liberio	¿Tantos?
Nisiro	Y acaban en bailes todos, si los antiguos en palos. El hizo La Malcontenta, El Marión, Los Antojados, dos de Los Monos, El Juego del hombre, y de Los rábanos, La ola, El ciego, Los títeres, Comprar peines gabacho, Los consonantes, y agora he visto casi acabado uno de Los bailarines vergonzantes, que ha jurado de dar risa a un envidioso junto a un bien afortunado.
Liberio	Mientras nos dan de cenar, juguemos pintas o dados.
Diodoro	Va de pintas: naipes vengan.

Taida   Yo he de servir ese plato.

(Levan un bufete, y sacan en una salvilla una baraja. Juegan en pie.)

Liberio   ¿Hay rifa?

Flora   Sí, esta firmeza.

Nicandro   Curiosa es y rica.

Diodoro   ¿En cuánto?

Flora   Dos mil escudos costó.

Liberio   Rifémosla, pues, en cuatro.

(Salgan algunos a mirar.)

Nicandro   A mil nos cabe a cada uno.

Liberio   Por damas todo es barato.

Nisiro   Por mí, vaya.

Nicandro   Por mí y todo.

Diodoro   No quede por mí.

Liberio   Pues, ¡alto!

(Alzan de mano.)

Diodoro   ¡Cinco!

Nicandro	¡Siete!
Liberio	¡Sota!
Nisiro	¡Tres!
Liberio	El naipe me cupo.
Nicandro	Paro esto más a cinco pintas.
Nisiro	Paro.
Diodoro	Paro.
Liberio	Digo y hago.
Diodoro	Caballo y dos.
Liberio	Sácala.
Nisiro	¿Tenéis azar en caballos?
Liberio	Cuando juego, soy de a pie.
Diodoro	Pues andar que no la saco.
Liberio	Ésta es. Una, dos, tres.
Nisiro	¿Y el tres de encaje? Andar.
Liberio	Cuatro, cinco, seis.

Nisiro	Y el seis y todo.
Liberio	Siete, ocho, nueve.
Diodoro	Ahí, diablos.
Liberio	Diez, once, doce, y no más.
Nicandro	¿No son hartas?
Liberio	Esto gano,

(Tira el dinero, y andan los naipes los otros.)

y tengo para la rifa
doce pintas. Doy barato.
Tomad, Taida; tomad, Flora;
tomad, todos.

Flora   ¿Qué Alejandro
hay cual tú?

Todos   ¡Vitor, Liberio!

(Toma otro el naipe.)

Liberio	A diez doblones.
Nicandro	Barajo.
Diodoro	A treinta doblones.
Nicandro	No.

78

Nisiro	A cincuenta.
Liberio	Parad largo, que esto le corre detrás.
Diodoro	A ciento, pues.
Nisiro	Topo a entrambos.
Liberio	As y rey.
Nicandro	Va a la trocada.
Liberio	Anda y no tembléis.
Nicandro	¡Qué abajo que está el señor rey!
Diodoro	Y encima el as de copas.
Nicandro	Andarlo.
Diodoro	Una, dos, tres, cuatro, cinco, seis, siete, ocho, nueve.
Liberio	¡Malo!
Diodoro	Diez, once.
Liberio	¿Con as y rey?
Nicandro	¡Oh! ¡Maldiga Dios mis manos!

Diodoro	Doce, trece.
Nicandro	Trece pierdo.
Liberio	¿Cuánto me cabe a mí?
Nicandro	Cuanto sobre estos trecientos cuente, y dé los demás.
Nisiro	Yo gano mil y quinientos escudos.
Diodoro	Y yo, que paro doblado, gano tres mil.
Liberio	¿Cuánto es todo lo que debemos entrambos?
Nisiro	Cuatro mil y más quinientos.
Liberio	¡Que he de perder de ordinario!
Nicandro	Sobre estos trecientos cuenten, y dad lo demás.
Liberio	¡Qué extraño rigor de estrellas!
Diodoro	Tres mil y nuevecientos.
Taida	Gran mano

perdistes.

Liberio

Tomad ahora
esos tres mil entretanto
que me traen de casa más.

Diodoro

Yo nunca juego al fiado.

Nisiro

Ni yo fío.

Liberio

¡Pues tan poco
crédito tengo ganado
con vosotros! ¿Qué os parece
de mis amigos?

Nisiro

Jugamos,
y no hay amistad en juego,
cuando el oro nos tiramos.

Diodoro

Aquí como aquí, y allá
como allá.

Liberio

Diodoro, paso,
jugad, y sed más cortés,
que no tardará un criado
que fue a casa por dineros,
y os satisfará en llegando.

Nisiro

Mientras que viene o no viene,
podéis para asegurarnos,
empeñar esos diamantes
y esa banda.

Flora

Yo me encargo

de su depósito.

Liberio
                    Bueno;
a ser los diamantes falsos
cual los amigos que se usan,
diera engaños por enganos.
Tomad, no quede por eso,
aunque creí que obligaros
a vos mis galas pudieran
y a vos también mis caballos.

Diodoro
¡Oh! pues si en cara nos dais
con dádivas, que os honraron
por admitirlas nosotros,
no os llaméis pródigo o largo.

Liberio
Con malos correspondientes,
razón es.

Nisiro
            Hablad más bajo.

Liberio
Nisiro, ¿pues vos conmigo
os descomponéis?

Nisiro
               Me canso,
por Dios, de que siempre uséis
de hermano mayor.

Diodoro
           A esclavos
menospreciad de ese modo,
y juguemos que me enfado.

Nisiro
Concluyamos esta rifa,
y si os dais por agraviado,

opilaciones de honor
sana el acero en el campo.

Liberio   Jugad, pues, el naipe es vuestro.
¡Perezosos desengaños!
Abriéndome vais los ojos;
mas gloria a Dios que los abro.

(Sale Gulín, todo alborotado.)

Gulín   ¡Agua, agua! ¡Fuego, fuego!
¡Calderas, jeringas, cazos,
que se abrasa todo el mundo!
¡Agua, Dios!

Liberio   ¿Estás borracho?
¿Qué disparates son ésos?

Gulín   ¿Borracho yo? Pues a estarlo,
¿pidiera agua tan aprisa,
elemento tan contrario
de mi lacaya pureza?
Tu casa se está abrasando
desde el ínfimo cimiento
hasta el capitel más alto.

Liberio   ¿Qué dices, loco?

Gulín   ¿Qué digo?
Cargó el mozo de caballos
delantero aquesta noche,
árbitro entre tinto y blanco.
Fue al pajar con un harnero;
llevaba encendido un cabo

83

de sebo; cayósele
un pábilo, y en sacando
la pajiza provisión,
cerró, dio un pienso, y soltando
las riendas al sueño y vino,
entre sábanas de Baco
envolvió los torpes miembros
entre sueños paseando
paraísos de la noche,
ya que no a pasos a tragos.
Dio el pábilo tras la paja,
la paja tras lo inmediato,
y esto tras el primer techo,
que yendo comunicando
su contagión, en un punto
emprendió salas y cuartos,
y para acabar con ello,
en un hora —¡triste estrago!—
más pródigo fue que tú,
pues que todo lo ha abrasado,
sin dolerse de la ropa,
caudal de un pobre lacayo.
Personas, bestias, hacienda,
colgaduras, cofres, trastos,
todo se ha resuelto en humo,
como favor de privado.
Deja ya damas y juegos,
y a la patria nos volvamos
cenicientos, si no ricos,
que así pagan ruines amos.

Liberio   Sirviendo el mundo, bien dices.
¡Qué tarde en la cuenta caigo!
Vamos a ver si podemos

dar algún remedio.

Gulín
                    Vamos,
          puesto que en balde ha de ser.

Liberio
          Amigos, si los trabajos
          son toque de la lealtad,
          en fe de la que he mostrado
          con vosotros, socorredme,
          que si es verdad este caso,
          solo en vosotros confío.

Diodoro
          Mostrad corazón hidalgo
          en la adversidad, Liberio,
          como de un propio hermano
          de mi hacienda disponed.

Nisiro
          Lo propio ofrezco.

Taida
                    Mi llanto
          muestre lo que esta desdicha
          siento.

Flora
                    Y yo también que os amo
          con el corazón que os di,
          señor de mi hacienda os hago.

Liberio
          Sois ejemplo de firmeza,
          sois de la lealtad retratos.

Gulín
          A la vuelta lo veredes,
          dijo Agrajes.

Liberio
                    Vamos.

Gulín	Vamos.

(Vanse Liberio y Gulín.)

Taida	Muy gentil despacho lleva.
Flora	Ya este pollo va pelado.
Diodoro	¡Alto! a cenar, que si vuelve,
	él llevará su recado.

(Vanse todos. Salen Timandro y Clodro, desnudas las espadas, tras Gulín, que sale huyendo.)

Gulín	¡Quedo que dan el porrazo,
	que me derriengan, quedito!
Timandro	No grite.
Gulín	Pues si no grito,
	no acuchillen. ¡Ay, mi brazo!
(Danle.)	¿Qué quieren, cuerpo de Dios?
	Pidan sin dar.
Clodro	Lo primero
	pido el acero.
Gulín	¿Yo, acero?
	¡Qué poco saben los dos
	del humor a que me inclino!
	Siempre que estoy opilado,
	en vez de andar acerado,
	conmuto el acero en vino.

Clodro	¿No trae espada?
Gulín	En mi vida ni porfié, ni reñí. Un no por no, y sí por sí es mi riña conocida.
Timandro	Largue la capa.
Gulín	¿La capa? ¡Pidiérades un capón!
Timandro	Acabe.
Gulín	¡Hay tal petición!
Clodro	¡Ea pues!
Gulín	De una gualdrapa salió, a imitación de Eva de la costilla de Adán. Mi amo es rico y galán, y vale más la que lleva de gorgorán, oro y raso. A no dejarle escapar, tuvieran bien que pillar.
Timandro	Atajado le han el paso otros que le tomen cuenta de toda esa bizarría. Acabemos.
Gulín	¿La porfía?

Clodro   Dale, y muera.

(Danle.)

Gulín   ¡Ay! tengan cuenta
                con la necedad.

Timandro   No, callar
                y dar la capa.

Gulín   ¡Bobear!
                Si la tienen de llevar,
                ¿de qué sirve cuchillar?

(Dales la capa.)

Clodro   El sombrero.

Gulín   Está lloviendo,
                tengo reumas, soy quebrado,
                no puedo ser bien criado;
                daréle en amaneciendo.

Clodro   ¡Oh, pesia al bufón! Acaba,
                dale, y vámonos los dos.

(Danle.)

Gulín   Dada mala les dé Dios,
                con vigilia y con octava.
                    Allá va el sombrero.

Timandro   El sayo.

(Entregándolo.)

Gulín
¿Sayo? Cara de sayón
tenéis vos.

Clodro
                    Venga el jubón.

(Valo dando.)

Gulín
A un verdugo, y no a un lacayo.

Clodro
            Quite los calzones.

Gulín
                            Yerro
es negarlos, ya los dan;
si muero aquí, llenos van
de cera para mi entierro.

(Quitales.)

Timandro
            Pues brevernente.

Gulín
                            Hilo a hilo
me voy.

Timandro
            ¿Qué dice?

Gulín
                    ¡Ay, de mi!
¿Quién ha visto, sino en mí,
cera hilada y sin pabilo?

(Da los calzones.)

Clodro
            La camisa.

Gulín	Ésa es crueldad.
Clodro	No ha de quedarle un cabello.
Gulín	Señores, que estoy doncello, no agravien mi honestidad; miren que tendré desmayos virginales.
Clodro	No haya miedo.
Gulín	Seré, si en puribus quedo, Cupido de los lacayos.
Clodro	Gente suena. Dése prisa.
Gulín	Aún no llega a media pierna.
Timandro	Agradezca a la linterna el dejarle la camisa.

(Vanse los dos capeadores.)

Gulín	Con buen fieltro me socorren
	para resistir canales.
	¡Qué cobardes son los males
	cuando tras un pobre corren!
	    No haya miedo que acometan
	de uno en uno; en escuadrón
	vienen juntos, y a traición
	goteras de agua recetan.
	    Contra el fuego, cuyos bríos
	nuestra hacienda han abrasado,
	fuego y agua me han dejado,

90

desnudo y con calofríos.
  ¡Pues decir que cada gota
no es una vela de hielo!
¡Tanta riguridad, cielo,
contra una camisa rota!
  Duélaos del peligro mío,
que soy, si moveros puedo,
ti... tiritando de miedo,
ti... tiritando de frío.

(Sale Liberio, desnudo.)

Liberio   No es pequeña maravilla,
                   llamándose el mundo mar,
                   de su tormenta escapar,
                   aunque desnudo, a la orilla.
                     Quitóme la hacienda el fuego,
                   salteadores el vestido,
                   torpes vicios el sentido,
                   mocedades el sosiego.
                     Los bienes de la Fortuna,
                   como son bienes prestados,
                   quien los juzga vinculados,
                   no habiendo firmeza alguna
                     en su variable rueda,
                   que a tantos postra en un día,
                   cuando más en ella fía,
                   del modo que yo se queda.
                     ¿Qué he de hacer? ¿Adónde iré
                   de noche, solo y desnudo?

Gulín   ¡Qué despacio y qué menudo
                   se deja llover!

Liberio	¿Qué haré?
Gulín	Otro encamisado viene. Mal de muchos es consuelo. ¿Si es nuestro pródigo?
Liberio	¡Ay, cielo! ¡Qué bien merecido os tiene mi mala vida el rigor con que, aunque tarde, recuerdo!
Gulín	¿Quien viene?
Liberio	Desnudo pierdo a fuer de pobre, el temor. Ya ¿qué me pueden quitar, si no es la vida cansada, en el pobre despreciada, si en el rico de estimar? ¡Qué en breve el susto se pasa!
Gulín	¿Quién va?
Liberio	¿Quién es quién me avisa?
Gulín	Una doncella en camisa, que la echaron de su casa y tras robarla su flor, le han quitado el faldellín dos bellacos.
Liberio	¿Es Gulín?
Gulín	¿Es Liberio, mi señor?

Liberio	¡Ay, amigo! La Fortuna me deja. Toda es extremos.
Gulín	Según llueve, no diremos: «Dejado nos ha a la Luna.» A las puertas de tu dama, mojados y pobres, sí.
Liberio	Dos amigos tengo aquí que me den socorro. Llama.
Gulín	¿Amigos?
Liberio	Sí; llama aprisa.
Gulín	Como los de Job serán, que cuando salgan, saldrán a quitarnos la camisa.
Liberio	Pues yo mi hacienda les daba, de que me amparen no dudo.
Gulín	Más da el duro que el desnudo; desnudo estás. Va de aldaba.

(Llama y arriba suena música y grita y bailes. Cantan.)

Músicos	«¿Qué parecen los ricos que empobrecieron? Cáscaras de huevos que se sorbieron. Toda la gente, de los tres tiempos vive solo el presente.»
Gulín	Si escuchas esto, ¿qué esperas?,

93

Bailando están —¡vive Dios!—
y acá rabiando los dos
al son de viento y goteras.

Liberio   En eso se diferencia
el tener del no tener.

Gulín   No lo quisiste creer
cuando tuviste.

Liberio   ¡Paciencia!

Gulín   Huevos nos llamó sorbidos
el cantor.

Liberio   Verdades fragua.

Gulín   Huevos pasados por agua
somos agora y cocidos
   como tu hacienda en el fuego,
asada y hecha gigote.
Diera yo por mi capote
cuatro votos y un reniego.
   ¿No lo oyes?

Liberio   Llama otra vez.

Gulín   A un pobre nadie le oirá,
y si viene un «agua va»
con su mano de almirez,
   y a plomo calla y sacude,
habrá cascos.

Liberio   Llama.

Gulín	Llamo.
Voz (Dentro.)	¿Quién va allá?
Gulín	Gulín y su amo en remojo.
Voz	Dios le ayude.
Gulín	¿Ayude? No estornudamos.
Liberio	Todo contra mí se muda.
Gulín	Bueno es echarnos ayuda cuando calados estamos.

(Llama otra vez.)

Liberio	Liberio soy. Abre, amigo.
Voz (Dentro.)	Liberio no vive aquí.
Liberio (Aparte.)	(Cuando era rico viví; ya no, porque soy mendigo.) Decid a Taida que está Liberio aquí.
Voz (Dentro.)	¡Buen regalo! ¡Pues si bajo con un palo!
Otro	Cierra y canta.

(Cierran de golpe.)

Gulín	¡Bueno va!

(Cantan.)

Músicos	«No recibe esta casa pobres ni calvos,
	porque unos y otros vienen pelados.
	En nuestros libros
	mientras no hubiere gastos, no habrá recibos.»

Liberio	¡Vive Dios, que ya no basta
	la paciencia! Abrid, villanos,
(Da golpes recios.)	para recibir, con manos;
	sin ellas, con quien no gasta.
	¿Así la amistad pasada
	pagáis? ¿Este premio da
	vuestra lealtad?

Voz (Dentro.)	¡Agua va!

(Gulín queda mojado por el agua arrojada.)

Gulín	Agua viene, y no rosada.
	¡Puf! ¡Fuego de Dios en ella!

(Liberio, llamando con fuerza.)

Liberio	Las puertas he de quebrar,
	¡vive Dios!

Gulín	Para afeitar
	caras es el agua bella.

Liberio	¡Ah, Taida! ¡Ah, Flora! ¡Ah, tiranas!

¿Así pagáis un amor
tan dadivoso? ¿Al rigor
de desdichas inhumanas
     dejáis a quien por vosotras
es pobre? ¡Que esto no os mueve!

Gulín   Cuanto más llamas, más llueve.
                           ¡Qué mal tiempo para potras!

Liberio   ¿Este premio da una dama
                           que su hermosura celebra?

(Salen a la ventana Taida y Flora.)

Taida   ¿Quién es el necio que quiebra
                           así las puertas? ¿Quién llama?

Liberio   Mi bien, tu Liberio soy;
                           abre, Amor es, que desnudo
                           y al agua, mi vida dudo.
                           De dos elementos hoy,
                              mísero despojo he sido;
                           el fuego abrasó mi hacienda,
                           sin haber quien me defienda
                           del agua. Si me has querido,
                              cumple la palabra agora
                           que me ofreció tu favor;
                           haz alarde de tu amor,
                           Taida hermosa, bella Flora.

Taida   Lastímanme tus congojas,
                           que te traspasará el aire.
                           Aun así tienes donaire.
                           ¡Con qué gracia que te mojas!

                    Estáte un poquito más;
                    debajo de esta gotera
                    te pon; llega.

Liberio   ¡Ah, ingrata! ¡Ah, fiera!
                    ¿Burlando de mí te estás?

Taida   ¿Yo burlar? No, por mi vida;
                    sino que cumplo un deseo
                    después que al agua te veo.
                    De muchos que fui querida
                       escuché el desasosiego,
                    porque todos me juraban
                    que por mi amor se abrasaban.
                    Cansábame tanto fuego,
                       pero en ti cesa mi enfado;
                    tú sazonas mi apetito,
                    que deseaba infinito
                    un amante remojado.

Liberio   Basta la burla, mi bien,
                    Agora, haced abrirme vos.

Flora   Hemos de sentir las dos
                    si te abrimos y te ven
                       los que están aquí, en camisa,
                    la vaya que te han de dar,
                    y crecerá tu pesar
                    a medida de su risa.
                       A casa puedes tornarte,
                    que puesto que se ha quemado,
                    hallarás, pues te has mojado,
                    lumbre en ella en que enjugarte.
                       Y no llames más, mi bien,

que acá si abrimos y subes,
como allá llueven las nubes,
lloverán palos también.

(Cierran con ventanazo, y vanse.)

Gulín   Concertadme esas medidas.

Liberio   ¡Villanos, amigos viles,
                   mujeres siempre civiles,
                   al torpe interés rendidas!
                      De vuestra deslealtad
                   está agraviado el valor;
                   de vosotras, el amor;
                   de vosotros, la amistad.
                      Mas, no importa; padre tengo
                   que enriquecerme podrá,
                   si el cielo aviso le da
                   de la desdicha a que vengo.
                      Yo le escribiré, villanos;
                   yo volveré presto a ser
                   caudaloso para ver
                   si tenéis entonces manos
                      para defender castigos
                   que no podréis resistir,
                   como para recibir
                   a fuer de falsos amigos.

Gulín   Salgan acá los que arrojan
                   zupia, y sabrán, si los vemos,
                   de la suerte que corremos,
                   y del modo que se mojan.
                      Y ellas...las...

Nisiro (Dentro.)　　　　　　Abre esas puertas;
　　　　　　　　　　　¡Vive Dios! Que he de matalle
　　　　　　　　　　　a palos.

Gulín　　　　　　　　　　　Toma esa calle,
　　　　　　　　　　　si en tus peligros despiertas,
　　　　　　　　　　　　no haya tras el «agua va»,
　　　　　　　　　　　un rato de torbellino.

Liberio　　　　　　　　¡Ay, juvenil desatino!
　　　　　　　　　　　Tarde escarmentaste ya.

(Vanse Liberio y Gulín. Sale Lázaro, medio desnudo, y echándole Nineucio y sus criados, y Felicia.)

Nineucio　　　　　　　　¿Tú en mi casa a mi pesar?
　　　　　　　　　　　¿Tú a mis puertas pordiosero?
　　　　　　　　　　　Ni te conozco, ni quiero
　　　　　　　　　　　por deudo. Te he de sacar
　　　　　　　　　　　　yo en persona de esta corte
　　　　　　　　　　　y del mundo; no me fío
　　　　　　　　　　　de nadie.

Lázaro　　　　　　　　　Nineucio, tío,
　　　　　　　　　　　señor, mi humildad reporte
　　　　　　　　　　　　tu cólera; enfermo estoy,
　　　　　　　　　　　a pobres mi hacienda di,
　　　　　　　　　　　ninguno conozco aquí,
　　　　　　　　　　　de tu tierra y sangre soy.
　　　　　　　　　　　　¿Qué importa que a los umbrales
　　　　　　　　　　　de tu casa un pobre esté
　　　　　　　　　　　que sobrino tuyo fue?

Nineucio　　　　　　　En la corte hay hospitales.

100

No lo es mi casa; sal fuera.

Lázaro

Opinión los pobres dan
que a puertas del rico están;
deja que a las tuyas muera.
    Crean los que a ellas me ven
que ser limosnero sabes.

Nineucio

Cerrad y dadme las llaves.

Felicia

Compasión, esposo, ten
    por esta noche no más
de tu sobrino.

Lázaro

                    Lebreles
criar regalados sueles,
y a perros sustento das:
    haz cuenta que un mastín tienes;
con ellos, señor, me iguala.

Nineucio

No hago yo cuenta tan mala
que menoscabe mis bienes.
    Ni aun como perro has de estar
aquí, que ellos a quien pasa
ladran por guardar la casa
que el pobre viene a robar;
    y no es justo que tú cobres
lo que ellos tan bien merecen,
pues no sin causa aborrecen
los perros tanto a los pobres.
    Mira quién eres y fía
que limosnas te acrediten,
pues aun los perros no admiten
a un pobre en su compañía.

Sacadle de aquí arrastrando.

(Salen Liberio y Gulín, ambos desnudos.)

Liberio

Porque tu felicidad
triunfe de mi adversidad,
que hasta en esto te está honrando,
  quiere mi suerte importuna
que Liberio a tus pies venga

(Arrodíllase.)

para que los suyos tenga
en mi cuello la Fortuna.
  No quieras mayor venganza
de quien compitió contigo.

Gulín

Ni de un lacayo prodigo
que entra también en la danza.

Liberio

  Mientras mi padre me envía
algún socorro, señor,
hazme en tu casa favor.
Destruyéronme en un día
  las llamas, el vicio, el juego,
la amistad que agora pasa,
que pues que todo esto abrasa,
todo debe de ser fuego;
  y como no hace ventaja
el pobre al que se murió,
la Fortuna me dejó
solamente esta mortaja.
  El más vil de tus criados
ser en tu casa quisiera.

Gulín

Porque venimos siquiera
como piñones mondados.

Nineucio	¡Oh, qué buenos mercaderes
	de la felicidad fuisteis!
	Ingeniosos la adquiristeis,
	tú en pobres, tú con mujeres.
	Felicia, buen casamiento
	hubieras hecho —¡por Dios!—
	con cualquiera de los dos.
Felicia (Aparte.)	(¡Ay, Liberio! ¡cómo siento
	tu pródiga adversidad!
	aunque más siento la mía,
	que en fin en tu compañía
	fuera yo felicidad,
	y no en la de este avariento,
	porque más es de sentir
	que la pobreza, el vivir
	junto del manjar, hambriento.)
(A Nineucio.)	Señor, pues que vencedor
	de estos pobres has salido,
	hacer merced al vencido
	es propio del vencedor.
	En tu casa los recibe.
Nineucio	De que eso digas me pesa.
	Las migajas de mi mesa
	no les daré —¡el cielo vive!—
	Quitádmelos que me corro
	de que aun los tengas amor.
	Idos.
Liberio	¡Socorro, señor!
Gulín	Socarrón, señor, favor,

103

mala imagen del socorro.

Liberio   ¡Ay, cielos! ¡Qué tarde avisa
               el desengaño!

Gulín   A buscar
               voy quien me dé de cenar
               a costa de mi camisa.

               Fin de la segunda jornada

Jornada tercera

(Sale Gulín, de labrador, Torbisco y Garbón, villanos.)

Torbisco	Sea para bien, Gulín, el nuevo cargo y oficio.

Gulín	Aunque soy en él novicio,
	pues no soy del campo, en fin,
	  yo mostraré en mi talento
	que soy persona de tomo.
	Hízome su mayordomo
	Nineucio, el rico avariento,
	  que así le llama la gente,
	de esta granja, y pienso en ella
	mostrar que sé merecella
	por guardoso y diligente.

Garbón	Qué es lo que moverle pudo a recibiros, un hombre tan miserable?

Gulín	Mi nombre.
	Entré en su casa desnudo,
	  con el pródigo perdido,
	envióle enhoramala,
	que así a los pobres regala,
	sin dalle un pobre vestido;
	  y queriendo hacer de mí
	lo propio, me preguntó:
	«¿Quién sois vos?» Díjele yo:
	«Lacayo pródigo fui,
	  y Gulín es mi apellido.»
	«Si de gula se deriva

—dijo—, justo es que os reciba.
En gracia me habéis caído.
　De la gula esclavo soy,
y en fe de ello honraros quiero;
mi mayordomo y quintero
habéis de ser desde hoy.»
　Dióme de vestir, y, en fin,
su quintero me entitula,
que siendo su dios la gula,
fuerza es que medre Gulín.

Torbisco
　　　No es poca vuestra ventura,
que según el año pasa
estéril todo, en su casa
la vida estará segura.

Garbón
　　　Toda esta región perece
de hambre.

Gulín
　　　　　¡Rigor extraño!

Torbisco
No ha crecido el Nilo hogaño,
y con su olvido padece
　el campo, común sustento
de los hombres y los brutos.

Garbón
En Egipto, siempre enjutos
los cielos, niegan al viento
　las preñeces de sus nubes,
porque jamás en él llueve;
al Nilo solo se debe
la vida.

Torbisco
　　　　　¿Por qué no subes

como sueles, rey de ríos,
y rompiendo tu prisión,
gozas la jurisdicción
que ensancha tus señoríos?

Garbón   ¿Por qué los campos no riegas
que el cielo fiarte quiso,
si es tu padre el Paraíso,
y a Ceres el censo niegas
    que tantos años le has dado?

Gulín   Como agora los señores
son tan malos pagadores,
los habrá el Nilo imitado.
    Por tasa ración nos dan,
tasajos mal sazonados
y pan tosco de salvados.

Torbisco   Para la hambre no hay mal pan.

Gulín   Cada cual cuidado tome
de trabajar mientras pasa
este año, que en esta casa
quien no trabaja, no come.

Garbón   Yo soy vaquero.

Torbisco   Yo guaro
el ganado que se pierde
a falta del pasto verde.

Gulín   Y yo con mi gabán pardo
    soy quintero y mayoral.

Torbisco	Murió el porquerizo ayer.
Garbón	De pura hambre debió ser.
Torbisco	Y es la necesidad tal, que su oficio se pretende de muchos con la porfía que el cetro de Alejandría.
Gulín	La hambre todo lo vende, quien me diere más por él llevará su investidura.
Garbón	Buen cargo.
Torbisco	¿Por qué procura Nineucio, si de Israel es natural, y el hebreo no puede comer tocino, criar lechones?
Gulín	El vino dispensa con él.

Torbisco	Ya veo
	    la amistad que han profesado
	el dios vino y dios jamón;
	mas como a vuestra nación
	ese manjar se ha vedado,
	    de que le coma, recibo,
	nuestro Nineucio, pesar.

Gulín	En lógica os he de dar la respuesta. Un relativo

es imposible que esté
sin correlativo. El vino
es relación del tocino
desde el tiempo de Noé.
   Nineucio, que a cangilones
bebe, le come en efeto,
porque estima el ser sujeto
de aquellas dos relaciones.
   Y en lo que toca a pecar,
no repara si hay comida,
porque niega la otra vida,
y en ésta quiere triunfar.

Torbisco   ¡Qué bárbaro parecer!

Gulín   Beba y coma hasta morir,
que unos beben por vivir,
pero él vive por beber.
   Y con esto, alto aquí.
A trabajar, que ya es hora.

(Sale Laureta, pastora.)

Laureta   Felicia, nuesa señora,
está en la granja. Venid
   a recibirla.

Torbisco   ¿Nuesa ama?

Laureta   La mujer de nueso dueño.

Gulín   ¿Pues a qué vendrá?

Laureta   Del sueño

y gula de quien no la ama
se queja, y por consolarse,
salir al campo ha querido.

Gulín   No suple el campo un marido.
Pues quiso con él casarse,
pena tiene merecida.
Páguela.

Torbisco   También lo digo.

Gulín   Mas venid todos conmigo
a darle la bienvenida.

(Vanse todos. Sale Liberio, muy roto.)

Liberio   Árbol se llama al revés
el hombre, y si en todos ellos
son raíces sus cabellos,
y son los ramos sus pies,
árbol con propiedad es
que más perfección encierra;
mas —¡ay, de mí!— ¡cuánto yerra
quien por gustos de mentira,
raíces que el cielo mira,
quiere arraigar en la tierra!
Por lo caduco, lo eterno
desprecié; cuando árbol fui,
hojas y flor me vestí
de mi edad en mayo tierno;
no se acuerda del invierno
el árbol en los veranos.
Despojáronme hortelanos
o amigos, cuyos empleos

al disfrutar son briareos,
y al plantar no tienen manos,
  ¡Quien ve al hortelano astuto
cavar con el azadón
un tronco, porque en sazón
cobre de sus ramos fruto!
Con el estiércol enjuto
le lisonjea, y después,
en fe, que es todo interés,
ejecutarle procura,
que lo que le dio en basura,
le roba en fruta después.

  ¿Qué fue lo que darme pudo
el mundo, sino vilezas
de vicios y de torpezas,
que aun nombrar agora dudo?
Ya despojado y desnudo
soy árbol de su venganza;
y aun menos, que en tal mudanza
el árbol desnudo espera
vestirse en la primavera,
y yo ni aun tengo esperanza.

  Todo Egipto llora hambriento.
Hasta en esto infeliz fui,
pues en tiempo empobrecí
que no hay quien me dé sustento.
Ni tengo fuerzas ni aliento,
ni de aquí puedo pasar.
La mayor pena y azar
que a sentir un pobre viene,
es cuando pide al que tiene
excusa para no dar.

  Granja es esta; ¿podré ir
a pedir limosna? no,

porque no hay para el que dio,
afrenta como el pedir.
No hay de servil a servir
nada, si una letra mudo;
servir quisiera, mas dudo
aun dichoso en esto ser,
porque ¿quién ha de querer
a un pobre, hambriento y desnudo?

(Sale Gulín.)

Gulín
    Para comida de priesa
bástale un pavo y capón.
Haz que los asen, Garbón,
y en el jardín pon la mesa,

Liberio (Aparte.)
    (Este hombre debe ser
el que administra esta hacienda.
Temo que en verme se ofenda,
que aun no estoy ya para ver.)
(De rodillas.)
    Señor, la necesidad,
que tan adelante pasa...

Gulín
Hermano, en aquesta casa
no hay limosna; perdonad.
    Tengo un amo comilón,
de pobres tan enemigo,
que si lo que manda sigo,
y os llevo allá, es tan tragón,
    que os comerá, aunque le sobre
la hacienda, porque ha sabido
que todo pobre es manido,
y quiere almorzarse un pobre.
    Idos, antes que un mastín

os trinche una pierna.

Liberio (Aparte.)   (¡Cielo!
                                    ¿no es este Gulín?)

Gulín   Recelo
                                    que si en casa os ven...

Liberio   Gulín,
                                    ¿no me conoces?

Gulín   ¿De «tú»
                                    a mí, un pobre? ¡Gatuperio!

Liberio   ¿No conoces a Liberio?

Gulín   Conózcale Belcebú.
                                    ¿Quién es Liberio?

Liberio   Quien fue
                                    dueño tuyo.

Gulín   Fue... pasó...
                                    No sé pretéritos yo;
                                    los presentes solo sé.
                                        Dos linajes solamente
                                    en el mundo puede haber,
                                    que es tener y no tener,
                                    y un tiempo, que es el presente.
                                        Si no tenéis, y tuvisteis,
                                    y en ese andrajoso traje
                                    os pasáis a otro linaje,
                                    ya no sois el que fuisteis.
                                        Aun no sois vuestro retrato,

que más diferencia aplico
entre el pobre que fue rico,
que entre el flamenco y mulato.

Liberio   Tienes razón; no te pido
que me des, que no podrás
si con dueño avaro estás,
ser liberal. Haslo sido
   conmigo; pero delante
de quien sirves, y yo lejos,
si criados son espejos,
imitarás su semblante,
   cual él serás avariento.
Recíbeme en tu servicio
para el más humilde oficio,
y dame solo el sustento.

Gulín   Puercos hay; ¿sabréis guardallos?

Liberio   Sabré, por ser tan inmundo,
pues quiere que sirva el mundo
a mi mozo de caballos.

Gulín   Pues de ellos cuenta tened,
que en esa zahúrda están,
y no imaginéis, galán,
que os hago poca merced;
   que a fe que hay opositores
muchos, como el año es caro.
Mas, aunque os parezco avaro,
las obras tengo mejores.
   Bellotas que les echéis
os quiero dar.

Liberio (Aparte.)   (¡Qué de males
                          experimento!)

Gulín   Gordales
                          son; no las golosméis,
                             y cenaréis a la noche.
                          Dejad pensamientos tristes,
                          que si en coches anduvistes,
                          acá hay también coche-coche
                             por la mañana y la tarde.

Liberio   Quien en torpezas vivió
                          bien merece como yo
                          que brutos tan torpes guarde.

(Vanse. Sale Felicia, muy triste.)

Felicia   Dióme a escoger Amor, nino vendado;
                          de tres, el uno esposo —iay, suerte mía!—
                          creí que el interés escogería
                          a medida del gusto depravado.
                             Desprecié la virtud, razón de estado,
                          de una errante deidad que al cielo guía;
                          desdeñé juventud y gallardía
                          por un monstruo, si bien de oro cargado.
                             Como es desnudo Amor, desprecia cuerdo,
                          galas —necia elección de quien sujeta
                          el gusto al interés que le dirige—
                             y colijo del bien que ahora pierdo
                          que la mujer más sabia es imperfeta,
                          pues, presumida, lo peor elige.

(Sale Gulín, que habla desde dentro.)

Gulín (Aparte.)   (sos los lechones son,
                          y las bellotas son esas;
                          no porque os parezcan gruesas
                          a la hambre deis ocasión,
                              que os ha de costar cada una
                          una cantidad de palos.)

(Sale Liberio, con una gamela de bellotas.)

Liberio   ¡Ay, deleites y regalos
                          del mundo y de la Fortuna!
                              ¡Con buen pago me acreditan
                          vuestros torpes ejercicios!
                          Sirvo, por servir mis vicios,
                          los brutos que los imitan.

Felicia   ¡Todo es quejas cuanto escucho!
                          En el campo pensé hallar
                          alivio de mi pesar,
                          y en él con más penas lucho.
                              Quiero ver si me divierto
                          en vos, cristal sucesivo.
                          Creí casar con un vivo,
                          y caséme con un muerto.

(Vase Felicia.)

Liberio   No lleva el mundo otros frutos
                          que los que aquí manifiesto;
                          bruto es torpe el deshonesto:
                          cogido he manjar de brutos.
                          En deleites disolutos,
                          para que más me congoje,
                          sembré vicios que recoge,

mi merecido rigor,
que en fin todo labrador
del modo que siembra, coge.
   Buscando el bien aparente,
torpezas apacenté,
y es bien quien inmundo fue
que inmundicias apaciente.
¡Ah, vil mundo! ¡Qué de gente
llora tus promesas rotas!
¿Qué maravilla, si brotas
engaños que paga Amán,
dando a Dios piedras por pan,
que me des a mí bellotas?
   Aun éstas me son vedadas,
que entre los bienes que alistas,
tus dichas son para vistas,
pero no para tocadas.
Aun menos son que pintadas,
y pruébalo mi escarmiento,
pues para mayor tormento
de mis desengaños vanos,
tengo el manjar en las manos,
y no oso comerle hambriento.
   ¡Cruel, hambre me provoca!
Ved la desdicha a que vengo,
que lo que en las manos tengo,
no oso llegar a la boca.
Castigo es, juventud loca,
de quien, siendo racional,
la parte eligió brutal,
despreciando de hombre el nombre,
que come, en fe que no es hombre,
bellotas como animal.

(Salen Laureta, Gulín y Garbón, que acometen a Liberio y le quitan las bellotas y maltratan.)

Laureta
¡Hao! Que se engulle a puñados
las bellotas que no masca
el picarón.

Gulín
¿Sois tarasca?
Quítaselas.

Garbón
¡Bien medrados
estuvieran los lechones
con vos!

Liberio
Sosegaos, amigos.

Laureta
Hermano, traga bodigos,
en la corte hay bodegones.
A buscar amo y alón,
que no heis de estar más aquí.

Gulín
Quien bellotas traga así,
hoy dará tras un lechón,
y tras todos poco a poco
hasta engullirle el berraco.

Garbón
¡Oh, comilón!

Laureta
¡Oh, bellaco!
¡Con cáscaras! ¿estáis loco?

Garbón
Lo que había menester
nueso amo.

Gulín	Quien tan aprisa
	hasta a los cochinos sisa
	lo que les dan de comer,
	picar de aquí, que no quiero
	teneros en casa un día.
	¡Las bellotas se comía!

Garbón   ¡Oh, ladrón!

Laureta   ¡Oh, golosmiero!

(Vanse los tres. Quédase Liberio. Sale Felicia al paño.)

Liberio   Hasta en esto, avaro mundo,
muestras quien eres; ¿siquiera
por hombre no mereciera
lo que un animal inmundo?
Cuando mi sustento fundo
en tal vileza ¿me afrenta
tu ingratitud avarienta?
¡Siquiera no me pagaras
en bellotas é igualaras
con mis torpezas tu renta!
   ¿A Nabucodonosor
como bruto apacentaste,
y hasta eso a mi me negaste?
¡Mas debo de ser peor!
¡Que haya llegado el rigor
del daño que vengo a ver
a tanto, que por comer,
envidie yo el vil estado
del bruto más despreciado,
y no lo merezca ser!
   Alma, del cielo enemiga,

despertad, volved en vos,
ya que con azotes, Dios,
a fuer de esclava os castiga.
Al villano no le obliga
el bien, que es hijo de Adán.
Trabajos virtud le dan.
¡Ay, Dios! ¡Cuántos jornaleros
de mi padre, aunque groseros,
andan sobrados de pan!
   ¡Y yo pereciendo aquí
de hambre, suspiro en vano!
¡Mi Dios! Dadme vos la mano;
levantadme, pues caí.
Iré a pi padre —¡ay, de mí!—.
Diréle, besando el suelo:
«Padre, contra vos y el cielo
pequé, no me llaméis hijo;
el menor gañán elijo
ser de vuestra casa.» Apelo,
   mundo vil, de tu escasez
a su abundancia y clemencia.
Sabio soy por experiencia;
de mi mismo seré juez.
No he de servirte otra vez,
mundo vil; desengañado
salgo de ti y desmedrado;
mas no me baldonarán
que he comido, en fin, tu pan,
que bellotas no me has dado.

(Quiere irse y detiénele Felicia.)

Felicia   Aguarda, Liberio amado,
                     si he sido de ti querida.

Desde esta mata, escondida,
tus desdichas he escuchado.

No sé de los dos a quién
persiga así la inclemencia;
tú, en los males con paciencia,
yo, impaciente en tanto bien.

Aunque ya no son tus daños
como los míos tan atroces,
tus desengaños conoces,
yo conozco mis engaños;

mas, ¿qué importa conocellos,
si cuando olvidarlos tratas,
tú con tiempo te rescatas,
yo quedo cautiva entre ellos?

No es tu suerte tan cruel,
pues no hay desventura igual
como conocer el mal,
y no poder salir de él.

Tengo esposo que aborrezco,
téngote presente a ti,
como mujer elegí,
y como elegí padezco.
Cuando de todos querido,
te aborreció mi interés,
y ámote cuando te ves
de todos aborrecido,

mira los diversos modos
del mujeril desvarío,
que agora te llamo mío
cuando te han dejado todos.

Si por el amor presente
el desdén pasado olvidas,
restaura prendas perdidas.
Repudios mi ley consiente;

repudiaré un torpe dueño,
avariento hasta ea amar,
pues si suele comparar
el sabio a la muerte el sueño,
    y él duerme en mi amor, ¿quién duda
que ya para mí murió
Nineucio, y que me dejó
libre para amarte y viuda.
    Llévame, mi bien, contigo;
rica soy, serás señor,
de mi hacienda y de mi amor.

Liberio   Eso no, mundo enemigo.
    Sirviéndote me despides
desnudo, solo y hambriento,
y ¿porque dejarte intento,
el paso agora me impides?
    A ser tan mísero llegas,
que ¿cuando estoy en tu casa,
me tratas con tanta tasa
que aun las bellotas me niegas?
    Y ya tan pródigo estás,
que ¿lo que antes adoraba
y a peso de oro compraba
de balde agora me das?
    Ya te entiendo. La razón
rompió a mis ojos la nube
de lo que contigo estuve.
Conozco tu condición,
    amigo reconciliado,
no por mi bien el tornarme
a casa, mas por robarme
lo poco que me ha quedado.
    Quitarme tu engaño pudo

la hacienda, la libertad,
la virtud, la castidad,
hasta dejarme desnudo;
    y como sobre mí he vuelto,
propósitos he adquirido
de tu rigor despedido,
y de mis engaños suelto,
    a robármelos se atreve
tu lisonjera malicia,
que le pesa a tu avaricia,
aunque propósitos lleve.
    Desnudo voy, no te admires
si de ti el cielo me escapa,
que aun no me dejaste capa,
como a José, de que tires.

Felicia   Ni a mí me queda paciencia
que sufra tanto rigor.

(Vase Liberio. Sale un Criado.)

Criado   Vuestro esposo, y mi señor,
está sin vuestra presencia
    triste, señora, y me envía
por vos.

Felicia   Iré a padecer.
Escogí como mujer,
la culpa y la pena es mía.

(Vanse. Salen Nineucio y dos criados.)

Nineucio   En fin, ¿muere mucha gente
de hambre?

Criado I	Está todo Egipto pereciendo.
Criado II	Gran señor, más mueren que quedan vivos.
Nineucio	Pues tráiganme de comer, que no hay para mi apetito como ver a otros hambrientos, y sírvame de principio la necesidad de todos. ¿En qué se distingue el rico del pobre, si todos comen, los nobles y los mendigos? ¡Ojalá que no quedara vivo nadie en este siglo, para que gozara yo bienes tan mal repartidos!

(Sale Gulín.)

Gulín	Dame, gran señor, los pies.
Nineucio	¡Oh, Gulín, seas bien venido. Bien por tu nombre te quiero; la gula fue tu padrino. ¿Llegó Felicia?
Gulín	Indispuesta; tanto, que al punto que vino, se echó en la cama.
Nineucio	¿Qué tiene?

124

Gulín	Dicen que antojos de un hijo.
Nineucio	No apetezco yo herederos;
	quédese en mí mientras vivo,
	mas la hacienda que a su padre
	yo he de heredarme a mí mismo.
	En un día han de acabarse
	yo y mis bienes.
Gulín	¡Buen alivio
	para quien enferma está
	por verte en su amor tan tibio!
Nineucio	Muérase, porque me ahorre
	de los gastos excesivos
	con que todas las mujeres
	empobrecen sus maridos.
	Todo lo que en mí no empleo
	me llega al alma. ¿Han traído
	de comer?
Criado I	Ésta es la mesa.

(Descúbrese una mesa muy espléndida. Siéntase, tocan chirimías, y sírvenle con majestad.)

Nineucio	Di el altar de mi apetito.
	¿Hay deleite comparable
	de cuantos a los sentidos
	tributa naturaleza
	como el del gusto? ¿Hay paraíso
	como el distinguir sabores
	de manjares exquisitos,

ostentando competencias,
unos simples y otros mixtos?
¿Qué gloria hay como el comer?

Gulín

Yo por mayor he tenido
la del beber, gran señor,
puesto que a entrambas me inclino.
El comer cuesta trabajo,
y necesita ministros
en la digestión primera,
de dientes, muelas, colmillos,
molineros de la boca,
donde tal vez el peligro
de una china descerraja
un diente, que es más que un hijo.
¿No es trabajo que la lengua,
cuchar del puchero vivo,
de la boca haya de andar
cocinando sin aliño,
y revolviendo guisados,
que entre dientes escondidos
ofenden, si no los saca
el alguacil de un palillo?
El beber es caballero,
pues sin tantos requisitos,
sin necesidad de dientes,
en mozos, viejos y niños,
da los gustos sin pensión,
colándose el blanco y tinto
al són de aquel cla, cla, cla,
apacible villancico.

Nineucio

Hola; echadme de beber,
confirmaré lo que ha dicho.

(Bebe al són de chirimías, e híncanse de rodillas mientras bebe.)

No anduvo Naturaleza
discreta en el artificio
y organización humana,
pues en tan corto distrito
como es el cuello, cifró
tan gran deleite.

Gulín   Mal hizo
en no dilatar gaznates
que imitasen pasadizos.
Envidiaba Filoxeno
el cuello largo y prolijo
de la grulla por gozar
más el sutil gargarismo.

(Óyese dentro vocerío de pobres.)

Voces (Dentro.)   ¡Socorro, señor, sustento!

Uno (Dentro.)   Pues el cielo te hizo rico.

Todos (Dentro.)   Favorece a los hambrientos.
                       Socorro, que nos morimos.

Nineucio   ¿Qué es esto?

Gulín   Necesitados
que a tus puertas han venido,
forzados de la miseria
que padece todo Egipto.

Nineucio	Dejadlos, pues, vocear, que al son de su hambre y gritos como yo con más deleite; mi salsa son sus gemidos.
Uno (Aparte.)	(Bárbaro! ¡cruel tirano! De los cielos seas maldito; tu crueldad castigue Dios.)
Otro (Aparte.)	(De sed rabiosa afligido pidas una gota de agua, sin que nadie te dé alivio.)
Uno (Aparte.)	(¡Maldígate Dios!)
Todos	¡Amén!
Gulín	¡Qué devotos monacillos!
Criado I	A palos he de matarlos.
Nineucio	Dejadlos.
Criado II	¿Si los sufrimos maldecirte?
Nineucio	Engordo yo así, que son para el rico medicinas cordiales maldiciones del mendigo. No hay música que recree de tal suerte mis oídos como las quejas y llantos del hambriento y afligido.

(Sale Lázaro muy llagado.)

Lázaro
A las puertas de la muerte
y a las tuyas han traído
tu crueldad y mí miseria
a morir a tu sobrino.
Los bienes di a usura a Dios,
que tú llamas desperdicios;
no me he quedado con nada,
pues la salud he vendido,
De llagas estoy cubierto,
de bocas soy un prodigio,
¿todas estas no bastan
a moverte, aunque dan gritos?
Dame a censo una limosna,
que si en los cielos te libro
seguridades eternas,
ganarás logro infinito.
Las migajas de tu mesa
son los regalos que pido
al despedírseme el alma,
ya no por mí, por ti mismo;
que aunque de tan poco precio,
quisiera por ellas, tío,
en el tribunal de Dios
alegar por ti servicios.
Así como así se pierden;
¿de qué provecho o servicio
son migajas desechadas
que imperceptibles codicio?
Pues si lo que no aprovecha
te compro yo, si me obligo
por ellas a enriquecerte,

si estimas tanto el ser rico,
da lo que es fuerza arrojar,
haz virtud lo que en ti es vicio,
y en abono de esta deuda
haré mis llagas testigos.

Nineucio   ¿Qué me estás atormentando,
ignorante persuasivo,
con inmortales quimeras,
que juzgo por desvaríos?
¿No sabes que no confieso
más de esta vida, y que afirmo
que como los brutos mueren
cuerpo y alma a un tiempo mismo?
¿Pues de qué estima serán
promesas que en desatinos
a plazos del cielo ofreces,
falsos como tú y fingidos?

Lázaro   ¡Ay, blasfemo! En la experiencia
cuando padezcas abismos
de penas, siempre inmortales,
desengaños te apercibo.
¿La vida niegas al alma,
imagen del ser divino,
en el fin sin fin que espera,
puesto que tuvo principio?
¿Nunca tu espíritu torpe
en éxtasis suspensivos,
Ya velando, ya durmiendo,
pidió treguas a los grillos
del cuerpo, breves instantes,
pensamientos discursivos,
remontando por los cielos

y midiendo sus zafiros?
¿Con los brutos te comparas?
Mas como ellos sumergido
en torpezas, no me espanto,
que en brutos transforma el vicio.
Más racionales que tú
son tus perros, que han lamido
las llagas que tú maltratas,
piadosas y compasivos.
¿Migajas niegas, avaro?
Plega a Dios que en su juicio
no te niegue el cielo gotas
cuando sediento des gritos.
Yo me muero por vivir,
pero tú con fin distinto
morirás para más muerte
mientras más mueras, más vivo.

(Vase Lázaro.)

Nineucio   Matalde, sacalde el alma;
                    satisfacedme ofendido.

Gulín   Ya él por sí se está muriendo.

Nineucio   ¡A mí, un llagado! ¡A mí, un mendigo!
                    Arrojad aquesas mesas.
                    El asco me ha conmovido
                    las entrañas; muerto soy,
                    ofúscanse mis sentidos.
                    Desnudadme, que me abraso;
                    llamas broto por suspiros;
                    vengan los médicos todos
                    que en más precio tiene Egipto.

¡Que me abraso, que me enciendo!
¡Agua, cielos!

(Vase Nineucio.)

Gulín   Dadle vino,
y plegue a Dios que reviente
si de luto ha de vestirnos
que son galas del criado.

Criado I   Al que muere avaro y rico,
compara un sabio al lechón.

Gulín   Dice bien, porque el cochino
aprovecha a todos muerto,
como enfada a todos vivo.

(Vanse todos. Sale Clemente, viejo.)

Clemente   La madre de Tobías
imitan valles las desdichas mías.
Como ellas, a cada instante
salgo a buscar un hijo, que ignorante
de vicios salteadores,
causan su perdición y mis temores.
Caminos, reducilde,
si loco se ausentó, cuerdo y humilde;
arroyos, detenelde,
si se despeña contra Dios, rebelde.
¡Ay, prolijos enojos!
si le vieran venir mis tristes ojos,
diera a la vida plazos,
y a su cuello amoroso tiernos brazos.
Apenas se mueve hoja,

cuando al alma, que viene se le antoja.
Mas —¡ay, loco deseo!—
¿quién es aquel que apresurado veo?
Pasos que engendran sustos,
y entre temores sobresaltan gustos,
el aire, el movimiento
es todo de mi hijo. ¡Ay, pensamiento!,
salid vos al encuentro,
del alma precursor, que está aquí dentro
pintándome en sus lejos
regocijos que admito, aunque en bosquejos,
porque a pesar de enojos,
más penetra su vista que mis ojos.
Corriendo, al viento alcanza,
y juzgo yo por siglos su tardanza.

(Llama a voces.) ¡Liberio! —¡Ay, desvarío!—
¡Hijo, Liberio!

(Liberio responde como de muy lejos.)

¡Amado padre mío!

Clemente (Aparte.) (¡Ay, cielos! Padre, dijo.
¿Si el eco me engañó?) Querido hijo,
¿eres tú?

(Más cerca.)

Liberio Sí, mi padre.

Clemente Él es. ¿Qué dicha habrá que no me cuadre?
¡Ay, pies! si os entorpece
la edad, Amor, que es Dios, rejuvenece.
Corred, que siempre el gozo,

tiñendo al viejo canas, le hace mozo.
¡Mitad del alma mía,
restituye con ella mi alegría!

(Corre más cada vez. Llega a Liberio, que sale y se hinca de rodillas y él le abraza.)

¡Qué alegre que estuviera
si en veros toda en brazos se volviera!
Levántate del suelo.

Liberio   Pequé contra ti, padre, y contra el cielo.

Clemente   No digas más disculpas;
                 bastantes son arrepentidas culpas.
                 Mi llanto y tus cuidados
                 son cohechos de amor. ¡Hola, criados!

(Salen dos criados.)

Criado I   ¿Qué es, señor, lo que mandas?

Clemente   Púrpuras escoged, sacad holandas;
                 día es hoy de mi boda;
                 mi recámara abrid, robadla toda.
                 Entapizad mis salas,
                 y registrando majestuosas galas,
                 haced elección de ellas
                 vistiéndole a mi hijo las más bellas.
                 Sus dedos le coronen
                 anillos, que del Sol giros blasonen;
                 sean tales sus ornatos,
                 que en diamantes se aneguen sus zapatos.
                 Convidad mis amigos,

134

que no hay contento donde no hay testigos.
Matad una ternera
escogida entre mil de esa ribera;
tan pingüe, que la leche
en vez de sangre por los poros eche.
Instrumentos sonoros
alegren danzas y ocasionen coros.
Todo sea regocijo,
pues muerto en vicios resucita un hijo.
Perdióseme, y agora
restituido alegra, porque llora.

Criado II   Tan bien venido sea,
que siglos largos de tus canas vea
paternales ejemplos,
para que erija a tu clemencia templos.

Liberio   Ya, bárbaros engaños,
mejoro con la vida torpes años.
No sois ya, alma, cautiva.

Todos   ¡Viva tal padre!

Liberio   ¡Más que todos viva!

(Suena música de chirimías, y vanse todos, menos el Criado I. Sale Modesto, como de campo.)

Modesto   ¿Qué músicas serán éstas
tan nuevas en esta casa?
¿Qué huésped hay? ¿Quién se casa?
¿Por qué se hacen tantas fiestas?

Criado   No admires el regocijo,

señor, que juzgas por vano.
Hoy has hallado un hermano
y tu padre ha hallado un hijo.
    Vino Liberio, aunque roto,
desengañado y confuso
del mundo; a los pies se puso
de su padre. Cumplió el voto,
    cual marinero que en medio
del mar, naufragó perdido;
porque en fin, su padre ha sido la
imagen de su remedio.
    Recibióle con los brazos
abiertos, porque es clemente;
él pidió pies de obediente,
y en vez de ellos halló abrazos.
    Tan regocijado está
el viejo noble y piadoso,
que con todos generoso,
albricias y joyas da.
    Terneras de leche mata,
a sus amigos convida,
y remozando su vida,
años y gustos dilata,
    tanto como esto ha podido,
con ser tú su mayorazgo,
de un hijo mozo el hallazgo,
hoy hallado, ayer perdido.

Modesto   Eso sí; gaste con él
la hacienda que a mí me toca;
premie de su vida
los vicios, y a mí, que fiel
    siempre estuve en su obediencia,
trátame con escasez.

¡Efectos de su vejez,
y prueba de mi paciencia!

(Salen Clemente y criados.)

Clemente

    Dame albricias, hijo mío,
a para decir mejor,
pídeselas a mi amor.
Ya volvió a su madre el río
    que desatinado viste
romper presas; ya tu hermano,
obediente, humilde y llano,
te espera. ¿De qué estás triste?
    Entra, y abrazos apresta.

Modesto

Desde que tuve de ti
vida y ser, nunca salí
de tu gusto, ni en molesta
    juventud quebré jamás
las leyes que me pusiste,
y nunca, padre, me diste
lo que hoy a un perdido das.
    Aun un cabrito siquiera
que comer con mis amigos
te debo, sean testigos
mis quejas, y una ternera,
    lo más gruesa de tus hatos,
a un disipador previenes
de sus virtudes y bienes
y autor de sus desacatos.
    Si es bien hecho que autorices
contra quien te obedeció,
a quien su hacienda gastó
en juegos y en meretrices,

más me valiera haber sido
como él, que obedecerte.

Clemente Necio enojo te divierte.
Mi mayorazgo querido eres,
 Modesto; mi hacienda
es toda tuya ¿quién duda?
El tiempo costumbres muda,
la experiencia pone rienda.
 Ya reducido, te besa
los pies; enséñale amor,
y agraviarás tu valor
si de su dicha te pesa.

(Sale Liberio, que sale bizarramente vestido y se hinca a los pies de su hermano, y criados. Óyese música de chirimías.)

Liberio Hermano y señor, yo he sido...

Modesto (Aparte.) (Las entrañas me enternece.)
No me digas más; mil veces
seas hermano, bien venido.
(A Clemente.) Tu hijo es, a festejarle
con los demás quiero ir,
que más es el reducir
un hijo, que el engendrarle.

(Sale Felicia de viuda.)

Felicia Si desengaños del mundo
son padres del escarmiento,
y de tus justos agravios
alcanzo perdón, Liberio,
viuda ya y desengañada,

con el alma que te ofrezco,
a darte cuenta he venido
de lástimas y sucesos.
Murió de una apoplejía
Nineucio, el rico avariento,
blasón que torpe ha ganado.

Liberio   ¿Qué dices? ¡Válgame el cielo!

Felicia   Murió Lázaro también,
los dos en la vida extremos
de la rueda de Fortuna,
y hasta en el morir diversos.
A Lázaro, como a sobras
del mundo, por pobre dieron
sepulcro en un arenal,
como sus entrañas seco.
Al otro con aparatos
costosos, cuanto soberbios,
arrastrando largos lutos,
galas de sus herederos,
en prolija procesión
le llevaron hasta un templo,
donde de mármoles finos,
de jaspes verdes y negros,
piros que a la clave llegan
del edificio supremo,
grabadas de armas, de motes,
y jeroglíficos griegos,
en sus entrañas admiten
el cadáver avariento,
que vivo no abrió jamás
piadosas puertas al pecho.
Éstas son las honras que hace

el mundo en la muerte, y esto
en lo que paran coronas
y el fin que tienen imperios.
Rica y libre restituyo
a la voluntad el reino,
que mi engañada elección
entregó al interés necio.
Mil veces yo venturosa,
y muchas más si merezco
en tálamos mejorados
enmendar pasados yerros.

Clemente   Felicia, porque lo sea
ya mi ganado Liberio,
esposo vuestro será,
y el amor, de entrambos dueño.
La inmortalidad del alma
negaba el torpe Nineucio;
su felicidad ponía
Lázaro en bienes del cielo.
Mi Dios, para certidumbre
de la vida que confieso
en vuestro inmortal dominio
y más seguro escarmiento
de este pródigo enmendado,
enseñadnos con qué premio
premiáis los pobres humildes
y castigáis los soberbios.

(Salen Lázaro, Abrahán y Nineucio. Suena música arriba. En lo alto del tablado
un paraíso, y Lázaro de blanco y oro, en el regazo de Abrahán. Abajo un infierno, y Nineucio sentado a una mesa abrasándose, muchos platos echando de
los manjares llamas.)

140

Nineucio	Padre Abrahán, que me abraso
	en el alma y en el cuerpo,
	llamas de inmortalidad
	castigos de Dios eterno.
	La gula en que idolatré,
	manjares me da de fuego,
	hidrópica sed me abrasa;
	ten piedad de mis tormentos.
	Padre, a Lázaro me envía
	que moje el último extremo
	del dedo en agua un instante,
	y dé un breve refrigerio
	a mi lengua.
Abrahán	Acuérdate,
	hijo, del bien que viviendo
	recibiste en la otra vida,
	y Lázaro los desprecios
	y trabajos que tú sabes.
	No hay dos glorias, no hay dos cielos.
	Él recibe descansado
	de sus virtudes el premio;
	tú en tormentos perdurables
	pagas los males que has hecho.
	Mal te podrá socorrer
	desde lugar tan diverso
	al en que estás, que hay abismos
	de inmensa distancia en medio.
Nineucio	Ruégote, pues, que le envíes,
	si desde aquí obligan ruegos,
	a la casa de mis padres,
	donde cinco hermanos tengo,
	para que los amoneste,

porque a estas penas viniendo
no acrecienten las que paso.
Ten misericordia de ellos.

Abrahán

A Moisés y a los profetas
tienen en libros, que llenos
de amonestaciones santas
predican y dan ejemplos.

Nineucio

No, padre Abrahán, mejor
los persuadirán los muertos.
Si a Lázaro ven, no hay duda
que ponga a sus vicios freno.

Abrahán

Quien los profetas no admite
y tiene de bronce el pecho,
ni a los que resucitaren
creerá tampoco; esto es cierto.

Clemente

Hijo, a Lázaro imitando,
y escarmentando en Nineucio,
restaurarás lo perdido
y excusarás tus tormentos.
Vicioso pródigo fuiste,
y aquél, mísero avariento;
tanto en ti fue lo de más,
como en él fue lo de menos.
En medio está la virtud.
Si son vicios los extremos,
de Lázaro el medio escoge,
y tendrás a Dios por premio.

Fin de la comedia

Libros a la carta

A la carta es un servicio especializado para
empresas,
librerías,
bibliotecas,
editoriales
y centros de enseñanza;
y permite confeccionar libros que, por su formato y concepción, sirven a los propósitos más específicos de estas instituciones.

Las empresas nos encargan ediciones personalizadas para marketing editorial o para regalos institucionales. Y los interesados solicitan, a título personal, ediciones antiguas, o no disponibles en el mercado; y las acompañan con notas y comentarios críticos.

Las ediciones tienen como apoyo un libro de estilo con todo tipo de referencias sobre los criterios de tratamiento tipográfico aplicados a nuestros libros que puede ser consultado en Linkgua-ediciones.com.

Linkgua edita por encargo diferentes versiones de una misma obra con distintos tratamientos ortotipográficos (actualizaciones de carácter divulgativo de un clásico, o versiones estrictamente fieles a la edición original de referencia).

Este servicio de ediciones a la carta le permitirá, si usted se dedica a la enseñanza, tener una forma de hacer pública su interpretación de un texto y, sobre una versión digitalizada «base», usted podrá introducir interpretaciones del texto fuente. Es un tópico que los profesores denuncien en clase los desmanes de una edición, o vayan comentando errores de interpretación de un texto y esta es una solución útil a esa necesidad del mundo académico.

Asimismo publicamos de manera sistemática, en un mismo catálogo, tesis doctorales y actas de congresos académicos, que son distribuidas a través de nuestra Web.

El servicio de «libros a la carta» funciona de dos formas.

1. Tenemos un fondo de libros digitalizados que usted puede personalizar en tiradas de al menos cinco ejemplares. Estas personalizaciones pueden ser de todo tipo: añadir notas de clase para uso de un grupo de estudiantes, introducir logos corporativos para uso con fines de marketing empresarial, etc. etc.

2. Buscamos libros descatalogados de otras editoriales y los reeditamos en tiradas cortas a petición de un cliente.

www.ingramcontent.com/pod-product-compliance
Lightning Source LLC
Chambersburg PA
CBHW051729040426

42447CB00008B/1042